どんな場面でも論理的に
「話せるコツ」

出口汪の「最強!」の話す技術

出口汪
Hiroshi Deguchi

水王舎

はじめに

▽人生は話し方一つで大きく変わる

私たちは物心がついた時からしゃべり始め、家族との会話、先生との会話、友だちとの会話、恋人との会話と、毎日毎日誰かと話をしています。

社会人になってからも、同僚や上司、部下との関係、ビジネス相手との関係など、話し方一つでずいぶん変わるものです。

合コンなどでも、話し上手は当然人気者であることが多いし、会社での打ち合わせ、会議の席でも、自分の意見を誰もが納得できるように発言できたならどんなにいいことでしょう。

ビジネス相手と商談をまとめる時も、やはり話術は大いに威力を発揮します。

考えてみると、私たちは生涯誰かと話し続けています。その話し方がうまいか下手かで、かなり違った人生を送るのではないでしょうか？

会社に入って一番大変なのは人間関係だと言われます。やはりどこの社会にいても、人と人とのつながりが大切で、それこそ成功の鍵だと言えるでしょう。そして、私たちは基本的には会話を通して、人間関係を構築していくのです。

それなのに、どうして自分の話し方を磨いてみようと思わないのでしょうか？

▽たかが論理、されど論理

書店には多くの「話し方」の本が所狭しと並んでいます。それだけ自分の話し方に自信が持てない人が多いという証拠でしょうが、実際、そのような本を読んで自分の話し方が変わったという話を、私自身一度も聞いたことがありません。なぜなら、どれほど有効なテクニックを学習したところで、論理力を使えなければ、何の効果もないと言えるからです。

論理的に考えることができるならば、自然と論理的な話し方になっていきます。

さらに、論理力を獲得するということは、言葉の使い方を変えるということでもあるのです。毎日使う言葉が徐々に変わることで、頭の使い方も記憶の仕方も文章の読み方・書き方、そして、話し方まで同時に変わるのです。

どれほどのテクニックを学んだとしても、言葉の使い方が変わらなければ、人生を変えることなどできません。

すでに「最強シリーズ」で論理を学んだ人は、それを話し方に生かせばいいだけです。それはけっして難しいことではないのです。それならば、さっさと論理的な話し方を習得してしまったらいい。

たかが論理、されど論理！　です。

▽論理的な話し方がもたらす豊穣な果実

若い頃の私は感覚人間で、人から理解されにくいような話し方をしていました。まさに自分の主観で物事を捉え、それをひとりよがりの言葉で話していました。そして、それを自分の感性だと思い込んでいたのです。

予備校の現代文・小論文講師として論理を習得してから、私の人生はすっかり変わりました。

入試問題を論理的に読み、設問を論理的に解き、大教室でそれを論理的に話す、そういった毎日の中で私の頭の使い方は徐々に変化していきました。

論理を習得することで、大勢の受験生を惹きつける、カリスマ講師になったのです。東京・京都・大阪・岡山・広島と、毎週一日ずつ、こうした都市を回るのですが、何とすべての地域で一番大きな教室を満杯にし始めたのです。

そして、旺文社のラジオ講座の出演が決まりました。ラジオは相手の顔が見えません。まさに論理的な説明をしなければ、ラジオを一生懸命聞いている、全国の先生や高校生を納得させることができません。

論理的に話すことができると、そのまま論理的な文章を書くことができるようになります。私は次々と受験参考書や一般書を執筆し、ベストセラーを数多く生み出しました。これらの奇跡（私にとっては本当に奇跡的な出来事でした）は、一度に起こったのです。

私ほど論理のすごさを身をもって知っている人間はいないと思います。これはけっして自慢したいのではなく、論理を身につけることがいかに人生の武器になるのかを知ってもらいたいからなのです。

本書はそうした論理を分かりやすく説明し、さらにそれを話し方に生かしていく技術を、誰よりも分かりやすく紹介したつもりです。

話す技術は単に論理だけではありません。一人では話すことができないのですから、絶えず相手を意識しなければなりません。本書は論理以外にも、話す技術にとって大切なこともふんだんに取り込みました。

▽「最強シリーズ」について

本書は「最強！の記憶術」「最強！の書く技術」に続く、OLハルカが登場する最強シリーズの第三弾です。

ハルカを登場させたのは、一つには私自身が人に教えることが天職であること。だから、何をやってもうまくいかない若いOLハルカに、論理的な話し方を思わず教えたくなったのがその理由です。

しかし、それ以上に大切な理由は、普段あまり本を読まない人にも、本書を手にとって欲しいからです。そのために、様々な工夫を随所に凝らしました。

もとより読者家にとっては無駄と思われる記述があるかもしれませんが、けっして内容が浅いわけではないので、ゆったりとした気持ちで楽しんでいただけたらと思います。

出口　汪

出口汪の「最強！」の話す技術

目次

第3章 論理的に話せるようになる、世界一簡単な法則

第4章 あなたの周りにもいる「迷惑な話し方」

第5章 スピーチ・打ち合わせ・会議でのワンランクアップの話し方

ハルカの  自己紹介

初めまして。私の名前はハルカです。アパレル系専門商社に勤務している、26歳のOLです。

出口先生の「記憶術を身につければ、才色兼備」、その上に「書く技術を身につけたなら恋人も結婚も思いのまま」……という甘い言葉にそそのかされて、「最強！の記憶術」「最強！の書く技術」を習いました。

その結果、TOEIC®で700点突破という課題をクリアしたし、直属の上司から「最近のメールの文章、とても分かりやすくなったね」と褒めてもらったし、この前は何と私の企画が初めて採用されました。本当に出口先生に感謝！

でも、でも……やはり、いまだに恋人もできないのです。このまま結婚適齢期を無駄に終えて、会社のお局様になりそうで、不安で仕方ありません。

私の何がいけないのかしら、と思った時、「話し方」を何とかしなくてはと気が付いたのです。だって、会議の席で、私が話し出すと、露骨にあくびをし始める人がいるし、この前、せっかく恋人候補ができたのに、彼は私が何を言いたいのかさっぱり分からないって。

「書く」時は頭の中で論理的に整理することを覚えたけど、「話す」時は焦って頭に思い浮かぶままに言葉を発しているみたいです。最近では苦手意識が強くなって、人前では無口で暗い娘になりそうです。

出口先生、お願いです。こんな可哀想な私に、今度は「話す技術」を教えて下さい。

第1章

話が伝わっていると思ってはいけない

きのう公園で
シャボン玉
吹いてたらさ……
あとは
言わなくても
わかるよね？
ごめん
わからない
シャボン玉
吹いてたとこから
わからない

どうしてあなたの話は伝わらないのか？

ハルカちゃんはすでに記憶術、書く技術を何とか習得し（といってもまだ初心者レベルですが）、仕事でもプライベートでも次第に成果を上げ始めました。

ところが、会話は別。

人前で話す時はアガってしまって、頭の中はパニックになるし、恋人候補と会話をする時でも、相手から何を言っているのか分からないと言われる始末。

どうも会話は目の前の人間を対象とするので、静かにパソコンに向かって文章を書くのとは勝手が違うようです。文章ならじっくりと考え、書いた後に推敲できるのですが、会話はその場限り、瞬間的に言葉を発しなければなりません。

そこで、出口先生に助けを求めたのですが、果たして話す技術を習得することができるのか。

第1章では、論理的に話す技術を習得するために、他者意識を持つことの大切さを理解することから出発します。

先生！　助けて下さい！　お願いします。私の話って、分かりにくいんです。何とかしないと、私の将来が見えてこないんです。「書く技術」は先生のおかげで多少はまともになったけど、先生、それだけでは話し上手にはなれないのですか？

まあまあ落ち着いて。どうせ、また彼氏候補が駄目になったのかな？

えええ！　どうして分かるんですか？　先生は予言者ですか？　そうなんです。まだ別れてはいないけど、かなり危うい関係なんです。だって、最近会うと喧嘩ばかり！　彼が言うには、私は言葉数が多いけど、結局、何が言いたいのかよく分からないんだって。こんなに言葉を尽くして説明したのに、彼ったら、耳をふさいで頭が痛くなったって。ひどい！

うん。彼の気持ちも少しは分かるな。

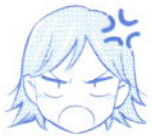

先生もひどい！　それに、この前、会議の席で部長に指名され、みんなの前で

発言したときにも、何を言っていいか分からず、しどろもどろで……。ああ、どうしよう。思い出すだけで、顔が火照ってきます。

ハルカちゃん、たくさん話せば相手に伝わると思っていない？

もちろんです！　彼との喧嘩の原因はいつも決まっています！　私が何か頼もうとして、丁寧に……そう、言葉を尽くして説明しているのに、彼ったら、いつも私が予期しない行動をとってしまうのです。何度説明したら、分かるの？　お願い、いい加減、分かってよって言ったら、彼は私の説明ではよく分からないって。先生、ひどいでしょ？

彼って、有名大学を卒業しているけれど、本当は地頭が悪いのかしら？　もし、結婚することになったら、子どもの頭が心配です。それとも、私たち、本当に相性が悪いのかしら？　先生、どう思いますか？

ちょっと待って。彼との結婚の相談？　それとも話し方の相談？

もちろん、話し方の方です。

ハルカちゃん、その話し方、論点がずれているよ。「話し方」の相談だったはずが、いつの間にか彼との話に話題が変わっている。

あっ！　先生、だから、私の話、分かりにくいのかも。

ハルカちゃん、今、言葉を尽くして説明したのに、って言ったよね。それって、ハルカちゃんの立場から見ているわけで、彼の立場から見ていないよね。

それって、他者意識の話ですね。確かに彼の立場から考えていませんでした。たとえ家族であろうと、別個の人間である限り、そう簡単に分かり合えないってこと。他者意識があれば、自然と論理的になれるって、先生に教えてもらいました。

うん。よく覚えていたね。ハルカちゃんの立場からすれば、これだけ詳しく説明したのに、ってなるよね。でも、彼の立場からすれば、もし、論理的な話し方でないなら、言葉数が多いほどより多くの情報を一方的に受け取っているわけだから、何が本当に大切な情報なのか頭が混乱してくるわけだ。

先生！　何だか心当たりがあります。彼に悪い事をしたかも。では、先生、会議の席ではどうしてうまく話ができないのですか？

ぼくはハルカちゃんじゃないから、分かるはずがないよ。でも、考えられるとすれば、一つは頭の中が空っぽなこと。話すことがないのに、何かみんなの前で話さなければならいって、そもそも不可能だよね。

あっ、私の場合、それかも。何も意見がないのに指名されて、何か言わなければばって。そんな時、頭の中は真っ白！

もう一つは、話す内容が一応頭の中にあることはあるんだけれど、それが整理されていない状態にある時。自分でも整理できていないことを、人に分かってもらうって難しいよね。

あっ、それも私です。どう説明していいか分からなくて、とにかくたくさん喋れば分かってもらえるんじゃないかって。脂汗をかきながら、思いつくまま必死で喋っています。

整理されていない話をたくさん聞かされたら、みんなはますます混乱して、何が大切か分からなくなってしまうよ。

先生、私全部心当たりがあります。でも、彼が言うには、私って、興奮してくると声が大きくなるから、いつも鼓膜が痛くなるって。それって、ひどいでしょ？

確かにひどいけど、彼の気持ちも分からなくはないな。

やっぱり先生もひどい！　でも、何となく分かってきました。せっかく先生か

ら「記憶術」や「書く技術」で論理の大切さを学んだのに、それを日常生活で、話をする時に活用していなかったのですね。

その通りだよ。それに他者意識もできていない。

はい。文章を書く時はゆっくりと内容を整理して、論理を意識して書くようにしているんですけど、話をする時は目の前に相手がいて、その相手は待ってくれないし、私もすぐに動揺したり、感情的になったりして。

そうだね。会話は文章とは違って、即興的に行われるものだ。しかも、目の前に相手がいるのだから、ブログやフェイスブックのように、不特定多数を相手にするわけではない。

当然、相手との人間関係や立場が重要になる。

そう考えると、「書く技術」とはまた別の、「話す技術」も大切になるのですね。

うん。「話す技術」はもしかすると、「書く技術」以上に人生を変える力があるかもしれないな。

えええ！　人生を変えてしまうのですか？

少なくとも、ぼくは「論理的に話す技術」を身につけることで、人生が変わったって、確信している。

先生、その話、聞かせて下さい。先生の人生が変わったって話。もしかして、それを参考にすれば、私の人生も変わり、仕事もうまくいき、彼候補ともより深い仲になり、ついには念願の結婚という目標も達成することができるかもしれません。

論理的な話し方は成果が目に見えて分かる！

実はぼくは子どもの頃からおしゃべりだったけど、感覚的な子どもだったから、自分の話がなかなか人には伝わらなかったんだ。だから、懸命に喋るのだけど、家族や近所の人からは「この子、おしゃべりだけど、何を言いたいのかさっぱり分からないよ」とよく言われたもんだよ。

わあ〜、それって、私と同じです。先生、それに鼓膜が痛くなるって、人から言われませんでした？

う〜ん、さすがにそこまでは……。

でも、先生、予備校の人気講師だったのだから、話し方は上手だったのでしょ？

最初から分かりやすい授業ができたわけではないよ。むしろその逆で、最初はまったく駄目だったんだ。初めて教壇に立ったのは大学時代の教育実習の時だったんだけど、自分の話し方が分かりやすいかどうか、教壇に立ってみると残酷なほど明らかになるんだ。生徒たちは最初のうちはこの先生、一体どんな授業をするんだろうと、興味津々だったけど、ぼくが授業を始めると、一人二人と何か内職のようなものをしだしたり、居眠りをしたり、とにかく教室の空気がどんよりとしたものに変わっていったんだ。

へえ～、私なら気が小さいから、きっと焦ってかえってしどろもどろになってしまいそう。

そうだね。でも、焦って喋れば喋るほど、空回りをする。気が付くと教室の中がざわざわし始め、ほとんどの生徒がぼくの話を真剣に聞いてる様子ではなくなっていた。担任の先生が「静かに授業を聞け」と怒鳴って、初めて生徒が黙るのだけど、それはぼくにとって屈辱以外の何物でもなかった。それに、いったん生徒の評価ができてしまうと、次の授業から生徒はまじめに受けなくなってしまう。

今でも、時々夢に見ることがあるよ。教室の誰もが、ぼくの授業を聞いてくれない……いやな夢だよ。

先生でも、初めは話し方が下手だと聞いて、何だか安心しました。胸のこの辺りに勇気が湧いてきました。早くそのコツを私に教えて下さい。こんな私でも、上手に話せるようになって、人生が変わるかも。

うん。その通りだよ。ぼくの話し方が変わったのは、大学院に進学して、学費稼ぎのアルバイトとして予備校で教えるようになってからなんだ。毎日、膨大な入試問題を解き、それを受験生に説明していくうちに、いくら目の前の入試問題を完璧に教えたところで、何の意味もないことに気が付いたんだ。

ええ！　どうしてですか？

だって、大学入試で、同じ文章、同じ設問が出題される可能性って、ほとんどないだろ。

確かにそうです。可能性はゼロに近いと思います。

それならどんな文章でも読める一貫的な方法、どんな設問でも解ける一貫的な方法はないかと考え始めたんだ。

それが論理だったんですね。

うん。どんな文章でも、筆者は不特定多数の読み手に対して、自分の主張を論理的に説明している。だから、筆者の立てた筋道（論理）をあるがままに読んでいけば、自然と設問の答えが見えてくると考えた。そして、あらゆる大学入試問題を通して、そのことを論証し続けたのが、ぼくの予備校での講義だった。

私も先生の講義、受けてみたかったわ。

予備校というのは実に分かりやすいところで、自分の話が相手に伝わったかどうかが、すぐに目に見えるんだ。本を書いても、読者がそれをどんなふうに読んでいるのか、満足しているのか、相手が目の前で読んでいるわけではないから分からないよね。でも、講義は目の前の生徒の反応がダイレクトに返ってくる。

確かにそれって怖い気がします。

まだ論理を習得せずに講義をしていた頃は、ただ夢中でその場その場で問題を説明していた。そして、何とか理屈をこね回して、必死で設問の解き方を解説していたんだ。それはとても一貫したもの、体系立ったものとは言えなかった。

う～ん。その問題の解説を理解したところで、次の新しい問題が解けるかというと、そうではないわけだもの。まさに習うより慣れろ、ってわけですね。

でも、論理を意識して、一貫した読み方、解き方を教えていったとたん、生徒が一斉に分かったという顔をして頷きだしたんだ。中には目を急に輝かせ始めた生徒もいた。ああ、これだって、まさに実感できたんだよ。自分の話が相手に伝わるかどうか、それは予備校の授業の中ですぐに確認できることだったんだ。

予備校生って、自分の将来がかかっているし、高い月謝を払っているのだから、真剣ですものね。それにどの先生の講義を受けるか、自分で選べるのでしょ？

そうだよ。だから、予備校の講師にとっては非常に過酷な制度だと言える。そのうち、当時日本最大の予備校に引き抜かれていったんだが、ぼくが論理的に話せば話すほど、生徒が目に見えて増え始めた。

先生、分かりました！　前に先生から少しだけ論理を教わっていたけれど、私、それを「話し方」に生かせてなかったんだ。普段の会話ならば、本当は私の話が伝わっていなくても、面と向かって「あなたの言っていることは分からないわ」って言う人はめったにいないもの。大抵は伝わっていないのに、分かった振りをしていたり、何となく分かったようなレベルで満足したりしているけど、受験生ならそうはいかないのね。

うん。受験生は講師の話が分かりにくかったら、いくらでも別の講師に替えることができる。少なくとも、ぼくが在籍した予備校ではね。しかも、生徒同士で情報交換をして、「○○先生の方が分かりやすい」と、あっという間に教室の移動が始まるんだ。

その予備校では大きな講師室があるんだ。最初の年、ぼくは四人がけのテーブルに座ることにしたんだが、いつも同席する他の三人もぼくと同じで、初年度の講師ばかりだったんだ。

新入り同士が固まったのね。

そうだね。毎週会う度に、新入り講師たちの表情が微妙に変わってくる。教室から戻る度に、生徒数の話になるんだよ。ぼくの場合は、文章を論理的に読み、設問を論理的に解き、それを大勢の生徒に向かって論理的に説明するということを毎日繰り返していた。今思えば、そういった繰り返しの中で、自然と頭の使い方が論理的に変わっていったんだと思う。すると、目の前の景色が変わっていく。毎回教室に行くたびに生徒が明らかに増えているんだ。気が付くと、最も大きい650人教室が生徒で溢れかえっていた。

他の新入り先生はどうだったの？

もちろん、一人一人の講師はそれぞれ人気が異なったけど、いつも同じテーブルに座っている講師の一人が、教室から帰ってくる度に溜息をつくようになった。教室に行く度に生徒が明らかに減っているんだ。そのうち、その講師が言うには、「今日は思わず生徒数を眼で数えてしまった」と言うんだ。初めは250人定員の教室いっぱいだった生徒が、やがて数十人に減ってしまったんだよ。そして、五月の連休が終わる頃には、教室に行くと生徒が一人もいない。

えっ！　ゼロ？　それで、その先生、どうしたの？

うん、すべての教室にはカメラが取り付けてあって、職員がそれを絶えず見ているから、彼は空っぽの教室でそれからも講義を続けた。

かわいそう。私だったら、授業、受けてあげるのに。でも、たった一人だったらかえって受けるの、抵抗があるかも。

結局、その講師は精神を病んで、年度の途中で解雇されたよ。

予備校講師残酷物語ね。でも、予備校の世界って、分かりやすく話ができるかどうか、まさに真剣勝負の場なんだ。そこで勝ち残った先生は話し方のプロな

んだわ。先生、どうやって勝ち残ってきたのですか？

それなんだ。教育実習の時に比べてぼくが変わったのは、論理を意識したことだけ。ぼくは一年間冗談も言わない、パフォーマンスもしない、派手な服装だって着ないし、特に目立った容姿でもない、ただ淡々と問題を論理的に解説していっただけなんだ。やがて、ぼくの講義がラジオ講座や衛星授業で放映され、次々と参考書がベストセラーになっていく。

すべて論理を習得したおかげだよ。

先生、私も論理を身につけたら、先生のようになれるかしら？

ハルカちゃんはすでに論理を理解しているから、後はそれを話し方に生かせばいいだけでしょ。こんな簡単なことはない。実際、あれほど感覚人間だったぼくが、話し方も雰囲気もすべて変わっていったんだから、論理のすごさをぼくは身をもって示してきたんだ。

ハルカちゃんだって、きっと大丈夫だよ。

えええ！　私も論理的な話し方ができるようになって、誰からも信頼され、仕事で成功し、彼氏ができて、結婚もできるのですか？

う～ん、結婚できるかどうかは……保証できないけど、でも、論理を身につけた自分を想像してごらん。きっと周囲の評価も今とはずいぶん違ってくるよ。

はい、がんばります。先生、がんばりますから、どうか論理的な話し方を私に教えて下さい。

人間はお互いに分かり合えない哀しい動物である

ハルカちゃん、「他者意識」についておさらいしよう。

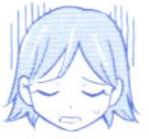

はい。「書く技術」で先生から教わりました。たとえ家族であっても、別個の人

間である限り、そう簡単には分かり合えないって。

そうだね。これからの時代はメールやブログ、フェイスブック、ツイッター、ラインなど、不特定多数の他者に向かって書く時代だから、論理的に書く技術を習得しなければ駄目だったね。

だから、私はパソコンで文章を書く時、一生懸命他者に向かって書こうと意識しています。

それは素晴らしいけど、会話の時はどうかな？

あっ、家族や友だちなど、親しい人と話す時には正直他者意識はありません。だって、他者だと思ったら、何だか相手に悪いような気がして。

その気持ち、よく分かるよ。ぼくだって、親しい人と話す時は、思わず他者意識なんかどこかに吹っ飛んでしまって、何を言いたいのか分からないって文句を言われることがある。

えっ！　先生でもですか？

それくらい他者意識を抱くことが難しいってこと。ぼくたちは自分が話したことは相手に当然伝わっていると思いがちだけど、相手がどんなに親しくても、別個の人間なんだから、意外と伝わっていないものなんだ。それなのに、よく会社でも「最近の若者はちっとも分かってくれない」「課長は自分たちのことを分かってくれない」って、お互いに愚痴ることがあるよね。でも、本来そう簡単には分かり合えないものなんだよ。論理的な話し方は、それを自覚することから出発するんだ。

あっ、私も彼氏候補に「ちゃんと言ったのに」とか、「何度同じことを言わせるの」って、よく文句を言います。本当は私の方が理解できるような話し方をしていなかったのかな。だから、いつも喧嘩になっちゃうのかしら。何だか不安になってきました。

他者意識・相手の立場になって考える

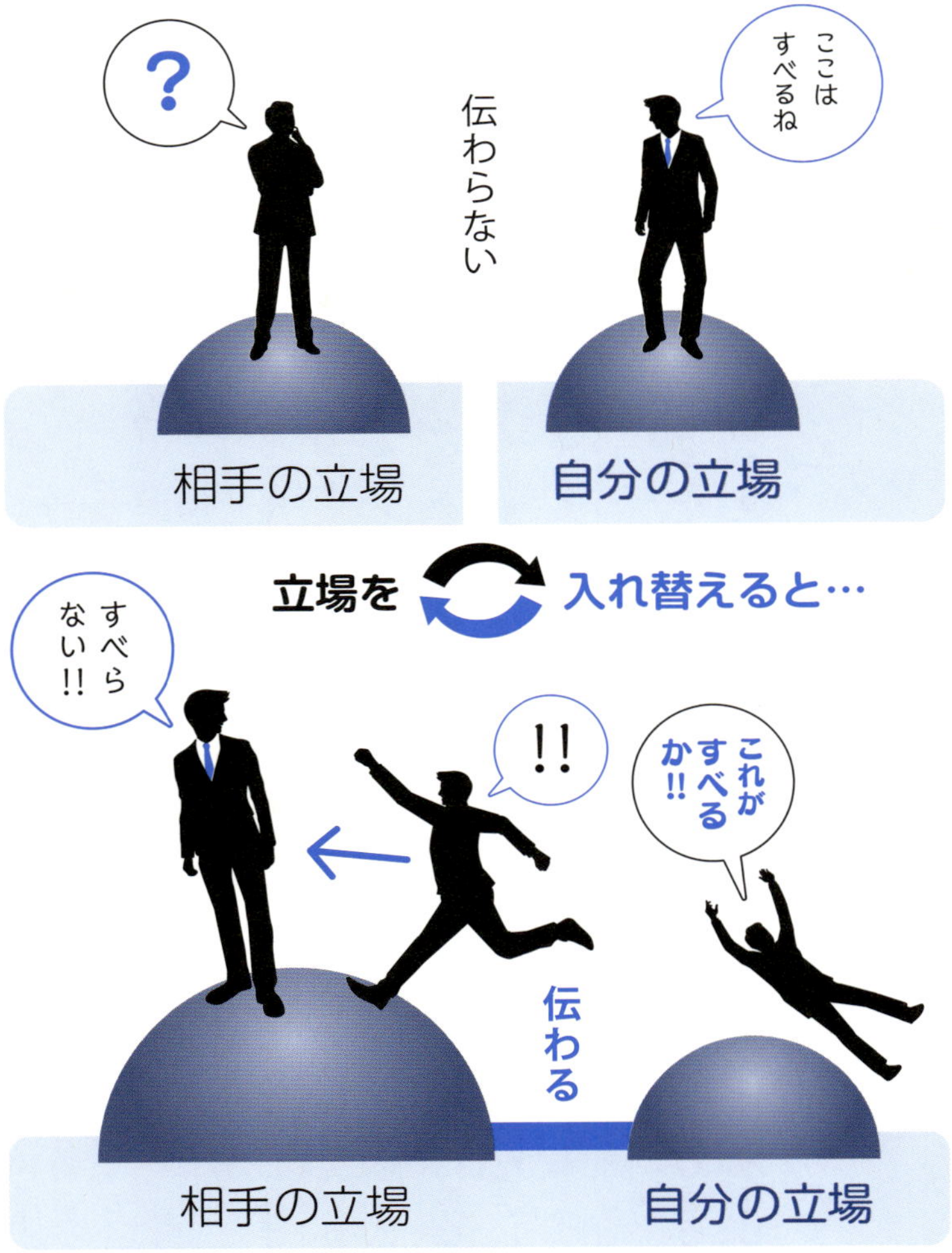

☆ 相手の立場に立つ事で見え方・感じ方が変わる

他者意識が希薄だと、言葉は自然と省略に向かっていくんだ。そして、感覚で何となく分かり合っているような錯覚に陥っていく。

そう言えば、私のお父さん、お母さんに対して、「メシ、フロ、ネル」の三語しか使いません。たった三語ですべての用を済ませてしまうのだから、ある意味ではすごい言語能力の持ち主なんだ。

ははは、確かにそうだね。でも、それで済ませているっていうのは、それだけ親密な関係だとも言えるけど、逆にお母さんの心の中に芽生えた複雑な感情をまったく理解していないとも言える。油断していると、ある時突然お母さんの方から三行半《みくだりはん》を突きつけられることだってあるかもしれない。

やばい！　熟年離婚だ。

ハルカちゃん、初対面の人や目上の人に対しては丁寧な話し方を心がけるよね？

はい、もちろんです。一応これでも社会人ですから。

うん。それは他者意識を持っているからなんだ。でも、次第に仲がよくなっていくと言葉は省略に向かい、どんどんぞんざいな言い方になっていく。

そして、お互いに理解し合っているつもりでも、実は徐々に二人の間に深い溝ができていく。それなのに、そのことに気が付かないでいる。

せ、先生、それって、私と彼氏候補のことですか？

い…や…、誰もそんなこと、言ってないよ。

でも、いくら仲のいい関係であっても、大切な話をする時くらいは他者意識を持って話をした方がいい。相手は他者だから感覚は通用しない、だから、筋道を立てて話さなければならない、そういった意識を持つことで、次第に論理的な話し方ができるようになってくるんだ。

論理語と感情語

ハルカちゃん、論理語と感情語の話、覚えている？

はい。確か、論理語は世界を整理する言葉だと……感情語は生まれつき持っている言葉で、他者意識を持たないって。後は、難しくて、うまく説明できません。

けっして難しくないよ。では、少し復習をしよう。

言葉を使わずに何かを考えようとしても、何も考えることはできなかったね。それがカオス、つまり、混沌《こんとん》の状態だ。

あらゆる動物の中で、人間だけがカオスの状態を受け入れることができなかった。そこで、「天と地」「男と女」「神と悪魔」「善と悪」「生と死」など、言葉で世界を整理し、そこからものを考えることをし始めた。その言葉が論理語であり、その論理語の使い方が論理だったね。

つまり、論理とは人間が考えだしたものではなく、もともと人間の中に論理があった、いや、正確に言うと、人間の言葉の中に論理がはらんでいたと言える。

キリスト教では、創造主自体が論理的な神なので、その神から与えられた言葉はそれ自体論理的なものだと考えている。

だから、論理はけっして難しいものではなく、むしろ、ぼくたちにとって身近なものと言っていい。

先生、では、好きと嫌いも論理ですか？　何だか感情的な言葉のような気がするけど。

もちろん、論理だよ。第一、人間の感情に「好き」とか「嫌い」なんて、もともと存在しないんだ。

えええ！　だって、私、彼氏候補のこと、絶対的ではないけど……少しだけ好きです！

でも、ずっと、いつでも、絶えず好きと思っているわけではないだろ？

もちろんです。時々喧嘩する時なんかは嫌いになる時もあるし……正直に言って、自分の気持ちがよく分かりません。

それなんだよ。人間の心は絶えず揺れ動いていて、固定されたものではない。だから、「好き」という言葉は自分の感情を整理し、固定した言葉だから、論理語だと言えるんだ。絶えず揺れ動く感情を固定してしまったのだから、そのことに対して責任が生じる。だから、心変わりをしたなら、「あの時好きだと言ったのに、あれは嘘だったの？」と責められることになる。

そうか、絶えず揺れ動いたり、混沌とした感情を、人間は好きだとか嫌いだとか決めつけるけど、それは言葉で感情を整理するから論理語と言えるのですね。納得しました。

世界は論理的にできている。いや、正確に言うと、世界は混沌としているけど、人間だけがそれを論理で整理し、その上で自分の感情や意志、意見などを人に伝えることができる。

そうした言葉の論理的な使い方は後天的なもので、訓練・学習によって初めて獲得できるものなんだ。

論理語について、先生に教えてもらったけど、実際に話し方にそれを活用できていなかったなあって、今少し反省しています。

そうだね。言葉は普段から使いこなして、初めて自分のものとなる。もし、論理語を使えなければ、感情語を中心とした話し方になる。「ウザい」「ムカつく」「ビミョウ」「ヤバイ」など、物事を整理しないまま自分の感情をひたすら撒き散らすだけだ。

私も高校生の頃はよく使っていました。さすがに社会人になってからは気をつけるようになったけど、今でも時々感情語で話すことがあります。

感情語は実は犬や猫がワンと吠えたり、ニャンと鳴いたりするのと同じなんだ。威嚇《いかく》したり、甘えたり、餌をねだったりと、自分の意志や感情を種特有の音にして発する。赤ちゃんが泣くのも同じだね。

感情語でしか話せない人って、赤ちゃんか動物レベルってことですね。そんなレベルの人と交際なんか、私、できません。

ハルカちゃんがどんな人と交際するかは置いておいて、感情語には他者意識がないという点でも、論理語とは正反対の言葉だ。そして、それは生まれながら持っているもので、学習や訓練によって習得したものではない。

だから、論理語を習得していない人は、感情語で表現するしかないんだ！

たとえば、「ムカつく」と言ったら、今自分は不快な状態にあるか、不満を抱いているってことを訴えているに過ぎない。なぜ不満なのか、どうすればそれを解消できるのか、相手に何を望んでいるのかなど、一切説明せずに「ムカつくから、ムカつくって言ってんだよ」となる。それは、誰かがそれを解消してくれると無意識に思っているのだから、赤ちゃんが泣いているのと同じだ。誰も何もしてくれないと、突然キレるか、引きこもるしかなくなる。

感情語って、頭の中で整理せずに、自分の感情をそのまま相手にぶっつけるわけだから、相手も困ってしまうか、感情語で答えるしかなくなる。何だかネット右翼や反中嫌韓の人たちのネット上の文章に似ています。私も論理語の使い方を少しずつ習得していかなければ……。

そうだね。まずは他者意識を持つこと。そして、他者に向かって論理的な話し方をすること。そのためには、話す内容を論理的に整理する習慣をつけること。それは相手に伝える前に、自分の中の揺れ動く感情や思考を固定化し、整理することだから、自ずと冷静な態度、話し方になる。

そして、感情語をなるべく使わないように気をつけること。まずここから始めていこう。

はい！

では、一つ例を紹介しよう。ある出版社の朝礼の風景だ。

ある会社の朝礼の一風景

その会社では毎日朝礼をし、各社員が前日何をしたかを報告することになっている。社長以下十人程度の小さな会社で、管理・総務と編集、営業の社員たちが一堂に会する場だ。

先生、私の会社でも朝礼をやりますが、社長が長々と喋ったり、突然みんなの前で発言を求められたりと、あれって、本当に苦痛です。時々時間の無駄だとか、なかったらいいのにって思う時があります。

そうだよね。ハルカちゃん、こう考えたことないかな？　一人3分喋るとして、10人ならば社長を始め、貴重な時間を3分×10＝30分も人の時間を自分のために使っているって。

あっ、そうか！　正直に言って、そんなこと考えたことなかったです。でも、確かに自分の発言時間がたった3分だとしても、それってすごく貴重な時間を与えられていたんだ。それなら、その時間をもっと有効に活用しないと……。

そう考えることが他者意識なんだ。自分の意識で考えたら、何を話そうとか、嫌だなあとか、とにかく何か言って時間を潰そうと考えるけど、視点を変えたらまったく異なる考え方が生まれてくる。

確かに、自分の視点で考えるのと、もっと大きな視点で考えるのとでは、かなり違ってくるみたい。できる女になるためには、他者意識を持ってってわけですね。

では、今度は社長の視点で考えてみようか。ハルカちゃん、社長はなぜ自分や社員の貴重な時間を費やしてまで毎日朝礼を行うと思う？

えっ？　私社長になったことがないから、そんなの、分かりません。うちの社長、とにかく慣例だからやっているのかな。

まずは一日一回でも社員全体が顔合わせをする機会が必要だと思っているんだろうな。

さらに社員全員に連絡したいことがある時もある。

学校の時の朝礼とは違うのですね。あの時は直立して首をたたされたまま、校長先生の長い話を聞かされてとてもつらかった記憶があります。

ははは、学校の朝礼とは目的が違うよ。出版社は編集と営業が中心だけど、編集は今どんな企画が進んでいて、その本がどんな本なのか、その本の売りは何かなど、重要な情報を営業に伝えなければならない。営業は営業で、各地の書店を回って、今どんな本が売れているのか、自社の新刊の反響はどうかなど、社内で閉じこもりがちな編集の眼になり耳になる必要がある。時には、営業のアドバイスを受けて、新しい本の企画を練り直すこともある。社長も会社の方針を伝えたり、編集や営業の現状を絶えず把握したりして、適切な指示を与える必要がある。

私、朝礼や会議、打ち合わせの時、結構緊張してしまうタイプなので、嫌だなあとか、早く終わって欲しいと思うことが多いのですが、やはり大切な時間だったのですね。だから、1人3分×10人分の貴重な時間が与えられているんだ。

そうなんだよ。自分の話し方を変えようとしたなら、こうした身近な、貴重な機会を利用することが最も大切なんだ。だって、大勢の人の前で発言する機会って、それほど多くないだろ？

はい、朝礼か、打ち合わせ、会議くらいですが、打ち合わせや会議では平社員の私が発言する機会って、あんまりありません。

そうだね。人前で話をする機会って、本当に貴重なんだよ。そんな時間が毎日与えられているとしたなら、こんなに恵まれていることはない。その機会を生かして、人に伝わる話し方の練習をすればいい。

本当にそうですね。私、今まで貴重な機会を生かしていなかったかもしれません。先生、朝礼の時、どんなことに気をつければ、人前で上手に話せるようになるのですか？

まず下を向かないこと。下を向くと、自信がないように見えるし、第一声がこもって、みんなに聞こえにくい。自分が社長やみんなに伝えたい情報があるとしたら、前を向いて、はっきりと発言しなければならない。朝礼の時の態度は、社長を始め、他の社員からも結構見られているものなんだよ。

わぁ〜、社長や他の幹部の評価につながりそうで、怖いです。

それほど構える必要はないよ。それよりも、この場の意味を考え、他者意識を強く持つこと。みんなの貴重な時間を使っているんだ。それなのに下を向いて意味のない報告をだらだらとしたり、小さな声や早口で話したりと、他の社員のことを考えていない人が意外と多い。

他者意識がないのですね。私も自分の番が回ってくると、ただ何かを言わなければならないと、それだけで頭がいっぱいで、思わず声が小さくなったり、俯いたりしてしまいがちです。

まずは前を向き、大きな声で、ゆっくりと話すこと。つまり、どのような話し方をすれば、他の社員にとって聞き取りやすいか、そんな意識を絶えず持っているだけで、話し方なんて、どんどん上手になっていくものなんだよ。

確かに、先生も毎日大勢の生徒の前で講義をするうちに、話し方が変わっていったのですものね。

そうだよ。経験ほど貴重なものはないけど、それを話し方を変える場として意識していなければ、そこから何も吸収することなんてできないよ。そういったことの繰り返しが、できる人とできない人とを分けていくんだ。

はい。反省します。朝礼がなくても、打ち合わせや会議の席では積極的に発言して、大きな声で、ゆっくりと、他者意識を持って発言することにします。

そうだね。でも、ただ発言すればいいというわけではない。発言する内容も大切なんだ。朝礼の場で、私は昨日こんな仕事をしました、今日はこんな仕事をする予定ですと、長々喋り続ける社員もいるかもしれないが、そんな情報が果たして社長や他の社員にとって必要なものかどうかも考えなければいけない。

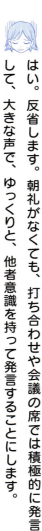

あっ、確かにそうですね。どうでもいい情報をただ黙って聞かされるのって、本当に迷惑ですね。特に社長や幹部なんて、それを聞いている暇もないかもしれないし。

そうだね。すぐに他の打ち合わせが入っているかもしれないし、他の用事で忙殺されている中で、朝に貴重な時間を割いているのかもしれない。それなのに、他の人の貴重な時間を自分のどうでもいい報告で奪ってしまうことになる。

それって、考えてみれば、時間泥棒かも。私も少し反省しなければ……。

そこまで厳しく考える必要はない。自分が伝えたい情報が他の社員にとって必要なものなのか、何を伝えるべきで、何がどうでもいい情報なのか、考えること。そうしたことで、仕事のできる人間になっていく。

意識の持ち方って、本当に大切なんですね。でも、みんなに伝えるべき情報がない時って、どうしたらいいのですか？

今日は特にありませんって、正直に言えばいい。

えええ！　そんなこと言ったなら、仕事をしていないとか、やる気がないって、マイナス評価をされてしまいそうですね。

立場の上の人間から見ると、そうでもないんだよ。特に必要がない時は無理に発言しない、その代わりあの人が発言する時は何か大切な情報があるんだと思われた方が、人から一目置かれることになる。

言われてみれば、確かにそうですね。

それに朝礼で毎日発言したいと思うならば、日頃の仕事に対する取り組み方、心構えも違ってくる。

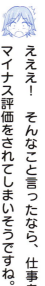

編集なら、営業を意識して本作りをするようになるし、営業だって書店を回る時にそこから貴重な情報を発見しようと、目配りの仕方も違ってくる。

社長や幹部も、朝礼や打ち合わせでの発言内容、発言の仕方が変わってくれば、当然その社員に対する見方や評価も異なってくる。

それに話し方を練習するには、人前で話す貴重な機会ですものね。

うん。そうした機会を自分で作ることは難しいが、それを与えてくれているのだから、無駄にすることはない。何も朝礼に限らず、一日を振り返れば、意外と人前で話す貴重な機会ってあるものだよ。その機会をいかに大切にするかによって、話し方のうまい下手はかなり異なってくるものなのだ。

はい、よく分かりました。少し恥ずかしいけど、私も朝礼を上手な話し方の貴重な実践の場と考えて、積極的に取り組んでいこうと思います。

「話し方」なんて、小賢しいテクニックなんてほとんど意味がないんだ。それよりも、普段の意識の持ち方でがらりと変わっていくものなんだ。ただし、いくら意識が変わっても、論理的に話せなければ、やはりひとりよがりな話し方でしかない。

先生、論理ってテクニックではないんですか？

論理はテクニックではなくて、世界共通の言葉の使い方の規則なんだ。それを知っているかどうかで、人生まで変わってしまうこともある。

先生も論理を身につけることで、人生が変わったのですものね。「書く技術」の時にも少し論理を教えてもらったのですけど、それを「話す技術」にどう落とし込んでいくのか、そのあたり、私にも丁寧に、分かりやすく説明して下さい。

そうだね。では、次に「論理的に話す技術」について、ハルカちゃんに家庭教師をすることにしよう。

第1章のポイント

- 他者意識を持つことが、上手な話し方の第一歩である。話したことはそう簡単には相手に伝わらない。
- 文章とは異なり、会話は目の前に人間がいる。だから、相手の反応を観察することで、その成果を自分で確認することができる。
- 言葉には感情語と論理語とがある。論理的な会話をするには、感情語だけでなく、論理語を使いこなせ。
- 打ち合わせなどで発言する時は、全員の時間をもらっていると思って、無駄な話をしてはいけない。

第2章

論理的に話すための必要最低限の法則

サトコちゃんっていうんだ！
富里の「里」に銚子の「子」…かな？
ご出身千葉なんですか？

意識を切り替えることが大切

第2章では、私たち人間がいかに主観的な生き物であるか、そして、私たちが操る言葉も決して固定化された、共通のものではないこと、さらには自分の常識が相手にとって常識とは限らないことなど、他者意識の重要性と、相手にとって分かりやすく話す必要性を説明していきます。

後半は、論理的に話す技術を学ぶ前に、話題の提示、接続語の使い方など、聞き手に親切なシグナルを送って話す方法について解説します。

「論理」の使い方の前段階として、お読み下さい。

お互いに別個の人間だから、そう簡単には分かり合えないという他者意識を持つことが、話し方上達の第一歩だったね。

はい、私も仲良くなると、すぐに言葉を省略したり、お互いにしか理解できな

い言い方をしたりして、それで分かり合っているような気になってしまいます。でも、それでは駄目なんですね？

別に駄目だというわけではない。仲のよい友達同士のおしゃべりは楽しいものだね。言葉はどんどん省略に向かっていくけど、何かを正確に伝えることよりも、たとえ意味のない話でも楽しそうに喋っていること自体が目的であることも多い。それをぼくは「愛撫の言語」と言っている。

「愛撫の言語」って、確かにそうですね。私も結構意味のない話をしていることが多いけど、そのおしゃべり自体が楽しくて、ああ、この娘とは仲良しなんだって、何だか安心してしまいます。でも、たとえ仲良しでも大切な相談事をする場合があるし、上司やビジネスの相手にはこんな話し方はできません。

そうだね。「愛撫の言語」が悪いと言っているわけではなく、正確に伝える必要がある時は、頭を切り替えて、他者意識をもって論理的に話してみることが大切なんだ。

先生、そこが難しいんです。どうすれば、相手に伝わる話し方ができるのですか？

人はそれぞれ見ている光景が異なる

ハルカちゃん、人はそれぞれ異なる光景を見ているんだよ。

えっ、また変なことを言う。今、私と先生は同じ光景を見ています。だって、今二人とも喫茶店にいて、窓の外の景色を見ているもの。

たとえ同じ景色でも、それぞれの網膜に映った映像を見ているんだ。その網膜は一人一人異なるものだし、その時々で網膜の状態も変化するかもしれない。

でも、よほどの近視か遠視でない限り、見ている光景が大きく変わることはな

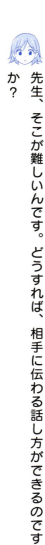

いでしょ？

そうかな？　たとえば、ぼくが講演をする時、聴衆のそれぞれの網膜にぼくが映っているね。ある意味では肉体を持ったぼくは一人だけど、聴衆の数だけぼくがいるとも言える。

そう考えれば、何だか不思議です。

実はそれだけではないんだよ。人にはそれぞれ記憶の光景っていうのがある。たとえば、以前ぼくに会った人は、その時のぼくのイメージに重ねて、今のぼくを見る。記憶の光景に重ねて、現在のぼくを見ているわけだ。

だから、初めてぼくに会う人と、以前ぼくに会ったことがある人と、あるいはぼくの講義を受けたことのある人、ぼくの本を読んで感動した人、逆に金を返せと思った人、それぞれ異なる記憶の光景に重ねて今のぼくを見ているのだから、誰もが異なった光景を見ていると言えるね。

はい。私も先生にいっぱい会っているから、私の網膜に映っている今の先生、

きっと人とは違うように見えているんですね。

そうだね。ぼくも「最強の記憶術」「最強の書く技術」の時のハルカちゃんに重ねて今のハルカちゃんを見ている。

きっとエレガントで、才色兼備の私が先生の網膜で輝いているのでしょうね。

それはともかく、ぼくが言いたいのは、誰もが主観から自由になることなんかできないってことなんだ。誰もが異なった光景を見て、誰もが一人一人異なった解釈をしている。自分が見ている光景を、人に説明して分かってもらうことだけでも、きっと不可能に近いと思うんだ。

分かりました。他者意識のことですね。でも、先生はいつも肝心な時は「それはともかく」で話をそらしてしまいます。

ははは、それはともかく、人は異なる光景を見て、異なる言葉で相手とコミュニケーションを図り、お互いに通じ合っていると錯覚している、そのことの自覚から「論理的に話す技術」を始めなければ駄目だということだ。

言葉を信用してはいけない

先生！　言葉も異なっているのですか？　だって、辞書に共通の意味が書いてあります！

辞書に書いてあるのはあくまでその言葉の最大公約数的なもので、それは言葉の死骸に過ぎない。言葉は生き物なんだ。実際に言葉が使われる時は一人一人、その瞬間瞬間で意味は微妙に異なっていく。生きた言葉はまさに個人のものと言える。

先生、どういうことですか？　少し難しいです。

たとえば、「愛」という言葉を例に考えようか。もともと「愛」という言葉はキリスト教では自己犠牲を伴ったものなんだ。これは他者を自己と同様なものとして愛せということで、その結果、当然自分に不利益が生じることもある。その不利益を神が死後に償ってくれなければ、私たちは自分を犠牲にしてまで他者を愛することは困難なんだ。

そうした「愛」という言葉を、キリスト教徒ではない日本人相手に使ったところで、そこには微妙なずれが生じてしまう。

「愛しているのに棄《す》てられた」とか、「こんなに尽くしたのに、裏切られた」とかは、キリスト教徒的な「愛」とはまったく別物なんだ。これだけ愛したのに、これだけ尽くしたのにというのは、無意識に相手に見返りを期待しているからなんだ。期待したほど見返りが得られないと、「棄てられた」「裏切られた」となる。いったん自分のものになったら、それを失いたくないから縛り付けようとする。

そう言えば、「俺の女だ」という言い方をする男の人がいるけど、女性を自分の所有物みたいに扱っている気がして、とても嫌な感じです。そういった人に限って、「俺の女に手を出すな」って言いそう。

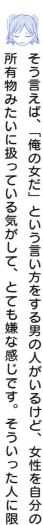

結局、その時の「愛」は自己犠牲的なものではなく、自己所有欲の一つに過ぎない。

それって、真逆ですね！

うん。あるいは、こんな例はどうかな。とても純情な男がいて、死ぬほど好きな女性ができたとしよう。生涯たった一度だけ、初めて「愛している」という言葉を口にした。その「愛」という言葉と、キャバクラで隣に着いたホステスの誰もに「愛している」と囁《ささや》いている男の「愛」という言葉と、その言葉の内実はまったく違ったものだよね。

当然です！　先生は誰にでも「愛している」なんて言葉を囁く、軽い人間なんですか？

そんなことはないよ。あくまでこれは例であって、ぼくが言いたいのは同じ「愛」という言葉でも、それを使う人間によってその内実は異なるし、その場によっても様々な意味になるってことなんだ。言葉は生きているからね。それなのに、ぼくたちは毎日のように「あの時こう言ったじゃないか」「そんなつもりで言ったのではない」といったような会話を繰り返している。
生きた言葉はその人だけの、その瞬間だけのものなんだ。それなのに言葉を絶対的なものと勘違いをし、それを固定化して考えるから、言葉を信じて、言葉に裏切られることになる。

そうか。「愛している」って言葉、信じてはいけないってことですね。特に、先生のは。気をつけなければ。

そういったことではないよ。たとえば「平和」や「正義」という名のもとに戦争をしたり、核兵器を開発したりするのが人間だ。言葉を盲信すると、言葉に裏切られる。だから、その言葉が誰のもので、どのような状況で、どのような使い方をされたかが重要なんだ。

自分の常識は相手の非常識

先生、私たちは主観を通して、物を見たり、解釈をしたりしている。しかも、コミュニケーションの手段である言葉が、決して共通のものとは限らない。自分がこう言ったつもりで使った言葉も、相手はまったく違った意味で受け取っているかもしれない。

だから、「話し方の技術」が必要なのですね。私、今まで深く考えずに、頭に浮かぶまま話をし、それで相手に伝わっていると信じ込んでいました。もし、相手が理解していないなら、「ちゃんと聞いてよ」と相手のせいにしていました。

そこから変えていかなければならないのですね。

その通りだよ。意識を変えなければ、今までの話し方が急に変わるはずがない。

そっか！　何か意識を変えなければ、結局、何も変わらないんだ。

人はすべて主観でしか物を見ることができない。私たちは同じ光景を目の前にしても、実はそれぞれ異なった映像を見ている。それをどう受け取るかも、一人一人、その瞬間瞬間異なっている。

言葉で相手に伝えようとしても、その言葉の持つ内実は同じだとは限らない。それなのに、頭に浮かぶまま安易に言葉を使っている。

考えてみれば、自分の話が人に伝わらなかったのは当たり前なんですね。それなのに、理解してもらえなかったら、相手のせいにしていたんだわ。その意識を変えることから始めないと。

まだあるんだよ。

えっ？　今度は何ですか？

自分の常識は相手の非常識。

みんなそれぞれ異なった受け止め方をしている
私の常識
焼き肉をごちそうしましょう!
焼き肉好き・おごられるの好き
単刀直入タイプ・自分はモテる
他人の常識
私…お肉はちょっと…
焼き肉嫌い・おごられるの嫌い
押しが強い男やパワハラ嫌い
常識を疑ってみよう
どんな料理が好きなんですか?焼き肉… 寿司とか!?
お寿司がちょ～好き!!
☆ 認識の違いを前提に話始めると…
スムーズな会話!

あっ、それ、痛い言葉です。話をしていても、自分が当たり前だと思って話していたことが、相手にとっては当たり前でなかったことが結構あります。

そうだよね。自分の専門の領域を専門用語を使って、まったくの素人に話をしたって伝わらない。大人が常識と思っていることを前提として、子どもに話をしても、子どもにとっては何のことだか分からない。

自分にとって当たり前のことが、相手にとって当たり前とは限らないということですね。相手は分かった振りをしているだけで、本当はまったく伝わっていないのかもしれないのですね。先生の仰《おっしゃ》ることが少しだけ分かってきました。要は、話をする時は、他者意識を持つことが大切だということですね。

その通り！　結局、「話し方の技術」を習得するには、他者意識をいかに持てるかに尽きるんだ。そして、そのことが主観的な動物であるぼくたちにとって一番難しい。

それ、私にも分かります。でも、先生、他者意識を持つにはどうすればいいの

ですか？

もちろん、「意識」なんだから、自分の意識を変えるしかない。しかし、方法はある。
次に、意識を変える具体的な方法を紹介しよう。逆に、具体的な方法を実践することで、他者意識がより強くなることもある。

はい、お願いします。

相手の頭を聞くモードに変える「話題」の提示

まず簡単な方法を教えよう。
最初に話題を提示すること。

先生、話題って、今から○○について話すから、よく聞きなさいってやつです

か？

うん。「よく聞きなさい」は余分だけど、「今から○○について話そう」、「○○はどう思う？」と、今から何について話すのかお互いに共通の認識を持ってから、話を始めるといい。

どうしてですか？　何だか面倒くさい気もします。

自分では今から何を話すのか分かっているけど、相手は今から何を話されるのか、まったく分からないから、何の準備もできていない。そこで、最初に話題を提示すると、相手は「ああ、○○についての話だね」って、準備をして聞くことができる。

分かりました！　これも他者意識ですね。

うん。話し手は当然何について話すのか分かっている。そこでぺらぺらと話し出すのだけれど、話し言葉は書き言葉と異なり、口から出た瞬間、次々と消えていくものだ。相手は何の話をしているのだろうと、あれこれ思いを巡らせているうちに、言葉はどんどん消えていってしまう。

ようやく何の話か分かった時は、すでに大事なことは話し終えていて、肝心なことが理解できないから、聞き手は分かった振りをしながら、苦笑いをするしかなくなる。

先生、それって、よくあります。相手は自分が分かっているものだから、ぺらぺら喋り出すけど、私には何について話しているのかよく分からない。「ちょっと、待って！　ストップ！　今、何の話？」って、思わず叫んだ経験があります。

ははは、ハルカちゃんらしいな。

「○○の話をしよう」の一言だけで、会話はスムーズに行くものだよ。

はい、最初にそう言ってもらえると、私も○○について今から話すんだと心の準備ができます。すると、その話題について集中することができるわ。とっても落ち着いて会話を楽しむことができそう。

最初に話題を提示することで、相手の立場に立つんだ。会話とはそう簡単に分かり合えないといった他者意識に立って、それでも何とか分かり合おうという精神に基づいているんだよ。

おっ、先生、何だか高尚なことを言い始めましたね。

うん。自分の話を当然相手は理解しているはずだという意識で話すのと、相手の立場になって、なるべく相手が分かりやすく感じるように話すのとでは、大きな意識の違いがあるんだ。

その意識の違いが、話し上手と話し下手とに分けてしまうことになる。

ちょっとした意識の違いで、人の話し方って、どんどん変わっていくってことですね。納得です。

頭に浮かぶ順序で話してはいけない

ぼくたちは毎日毎日誰かと話をして、仕事をし、日々の営みを送っている。だから、たとえほんの少しであっても意識を変えることで、毎日の話し方、あるいは頭の使い方まで変わっていくものだよ。

確かに最初に「話題」を提示。これって、簡単なことだけど、これで意識が変わっていくなら、魔法みたいに効果があるような気がします。

では、次にいこうか。
ハルカちゃんの頭の中、どうなっている？

え？　何ですか、いきなり。

うん。人間の思考って、思っているほど一貫したものではないんだ。集中していないと、あれこれといろんなことが頭に思い浮かんでは消えていく。

確かに、私って、結構移り気な気がします。話している途中でも別のことを考えたり、突然違う話を挟み込んだりと。

人間の思考って、そんなものだよ。関心があちらこちらに飛んだり、突然雑念が交じったり、そして、それらはすべて言葉によってなんだ。

その通りです。話している途中でも、いろんな言葉が浮かんできます。

それをそのまま言葉に発したら、きっと相手は混乱してしまうに違いないね。

もちろん、そんなことはしません！　あっ、でも、そこまでではなくても、結構思いつくままに話しているかもしれません。

そうだよね。そのことの自覚が一番大切なんだ。相手が分かってくれないのではなくて、伝わらない話し方をしてはいないか、どうすれば相手に分かりやすく伝えることができるのだろうか、そういった意識を持って話をすると、会話そのものが変わってくる。

冷静に考えれば、反省するところがたくさんあります。前に、上司から何が言いたいのかよく分からないって言われたし、彼氏候補からもハルカちゃんの頭の中が読めないって、嘆かれたことがあります。

他者意識で考えてごらん。

相手はハルカちゃんが何を言おうとしているのか、皆目見当が付かないんだ。しかも、言葉は発した瞬間消えていってしまう。

いくら一生懸命理解しようと聞いていても、お互いに別個の意味を持った言葉で、それぞれが主観を通して会話をしている。それなのに、ハルカちゃんが頭に浮かぶ順序で話をしたなら、それを理解することの方が大変だよ。

会話って、結構難しいものだったのですね。

そうでもないよ。頭に浮かぶ順番で話すのではなく、時には立ち止まって頭の中を整理してみる。すると、論理の順番で話すことができるようになる。きっとその時相手の反応が違ってくるよ。思わず「分かった！」っていう顔になる。

先生、頭の中をカオスではなく、論理的に整理をして話せっ、てことですね。

そうだね。論理的な話し方は次に詳しく説明するけど、ここではまず「意識を変えることから始めよう」ってことだね。

はい！　少し灯りが見えてきました。まだ遠くに、ほんの少しですけど。

シグナルを送りながら会話をする

相手はなかなか話を理解してくれないものだ。そういった前提に立つと、相手にシグナルを送りながら話をすることが有効になる。

シグナルですか？

そうだよ。話題もそうしたシグナル、つまり、合図の一つなんだ。今から○○について話をするよ、というシグナルを送ると、相手もその話題に意識を集中して話を聞くことができる。

何の話か、よく分からないまま聞こうとしても、やはり集中できないものね。先生、他にシグナルはないのですか？

実は、そのシグナルが接続語なんだ。

えっ！　接続語って、「そして」とか「しかし」とかですか？　私、そんなのあんまり重要だと思っていなかったし、結構接続語を省略して話していました。

時々単語だけで喋るとか？

先生、どうして分かるのですか？

他者意識がないと、どうしても思いつくまま話をしがちだ。ハルカちゃんの場合、きっと単語で思いつく習慣があるのではないかな？

それって、まるで私がバカか単純人間みたいに聞こえます。

ごめん。少し言いすぎたかな。

では、話を戻そう。

あっ、先生、今シグナルを送ってくれました。

よく分かったね。聞き手がある話題について集中して考えているとしよう。それなのに、知らないままに別の話題に変わっていたらどうだろう？

もちろん、頭が混乱してしまいます。でも、私、今考えると、よく彼氏候補の頭を混乱させていました。

だから、話題を変える時は、「では」「ところで」というシグナルを送る。すると、相手は「あっ、話題が変わるんだ」と、すぐに頭を切り替えることができる。

あっ、接続語を使うと簡単なんですね。

うん。あることを述べているとする。「だから」というシグナルを送ると、相手も次に来る話が予想できる。

ハルカはかわいい！　だから、と言ったら、モテるとか、みんなから好かれるって、次の展開が予想ができます。

「しかし」というシグナルを送ったら？

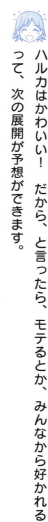

ハルカはかわいい。しかし、性格が悪い…あっ！　先生、ひどい！
でも、接続語を使うと、相手の意識をコントロールしているみたいで、何だか面白いです。

そうだね。あることを述べて、「たとえば」というシグナルを送れば、相手はあることの証拠として、次に具体例を挙げられていると思って、自然と本当かどうかと頭を使うことになる。

接続語はまさに論理的な関係を表すシグナルなんだ。

接続語を意識して会話をするだけで、何だか論理的な会話になるような気がします。

うん。接続語は言葉の規則だから、その規則に従って話が展開すれば相手にとってこんなに分かりやすいことはない。でも、規則違反をして話をすると、逆に相手は混乱する。

「ハルカはかわいい。しかし、性格もいい」ですね。「しかし」と言えば、逆の

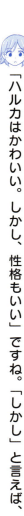

内容を予想するのに、それと異なる展開だと相手の頭の中は混乱状態になります。

だいぶ分かってきたね。いろいろな例を挙げた後、「つまり」「要するに」と言えば、次にそれらをまとめることになるから、相手は集中してそれを聞こうとする。

「人間とは」と、「とは」を使えば、その人の定義づけだと思って聞くことになる。そのことについて集中できるから、相手も自分の意見を言いやすくなるし、会話もスムーズに展開する。

あの人だと会話が弾むとか、あの人と話していると何だか楽しいってことはないかな？

あっ、あります。でも、私が弾むと会話が途中でごちゃごちゃして訳が分からなくなります。

うん。会話が弾む相手はきっと他者意識を持っていて、相手が話を理解できるように、巧みにシグナルを送っているものだよ。

先生、いいことを教えてもらいました。明日から、ハルカも接続語をがんばっ

て使います。

何だか心配だなあ。接続語って論理的な言葉だから、あまり使いすぎると会話が堅苦しくなってしまう。頻度ではなく、接続語が相手にシグナルを送ることだって、意識することの方が大切なんだ。

やっぱり意識を変えることなんですね。

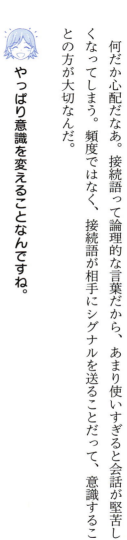

第2章のポイント

- 人間は誰もが主観を通して物を見て、主観的に再解釈しているものである。
- 辞書的な言葉は最大公約数的な意味であり、実際に生きた言葉は一人一人その場その場で様々な意味を持つ。
- 自分が常識と思っていることが、必ずしも相手にとって常識とは限らない。だから、他者意識を持って、正確で分かりやすく伝える技術が必要である。
- 最初に話題を提示することは、何についてこれから話すのか、聞き手の意識を切り替えさせる効果がある。
- 接続語は論理的な記号であり、聞き手に先の展開を予想させる、有効なシグナルである。

第3章

論理的に話せるようになる、世界一簡単な法則

わぁきれい… まるで…
あれだね…
言葉にならないね…
そうだね…

いよいよ本書の中核となる「論理」の話です。

論理とは、理で諭《さと》すこと。というと、何か難しい気がするかもしれませんが、実は論理を実際運用する場では、基本的に「イコールの関係」「対立関係」「因果関係と理由付け」といった、たった三つの規則しかありません。これらはすでに他の「最強！」シリーズでも紹介済みなのですが、何度説明しても足りないくらい重要なものなので、なるべく簡潔に復習・整理をした上で、それを「話し方の技術」に落とし込んでいきます。

たった三つの言葉の規則なのになぜ習得できないかというと、言葉は理解・記憶することではなく、習熟＝身体化しないと自分のものになったとは言えないからです。

たった三つの規則を日常の中で絶えず意識することで、「論理的に話す技術」だけでなく、「記憶力」「思考力」「読解力」「文章力」などを同時に習得することができます。だからこそ、習熟するまで徹底的にこの三つの規則を使ってみることなのです。

論理は万能で、会話でも大いに威力を発揮する

お互いに別個の人間である限り、そう簡単には分かり合えないという意識。

はい、他者意識ですね。それに人間は主観的な動物であって、しかも言葉は生き物で、それぞれが異なる使い方をし、しかも、常識なんて実は通用しないんだって……先生の説明を聞いていると、何だか会話によるコミュニケーションなんて、だんだん不可能なように思えてきました。

よくできました！　それが他者意識だよ。

先生！　だから、私、困っているんです。私の幸せな結婚のためにもしっかりと人に伝わる方法を教えて下さい。先生にはその責任があるんですから……。

えっ？　どうしてぼくに責任があるのかよく分からないけど、実はもうその方法につい

てはきちんと教えているはずだよ。

あっ、そうか。答えは論理ですね。

うん。「記憶術」でも、「書く技術」でも、論理を使えば大丈夫だったはずだよ。今度はその論理を話し方に生かしていけばいいだけなんだ。

確かにそうかもしれないけど……では、今度は論理をどうやれば話し方に生かしていけるのか、その方法を子どもでも分かるように教えて下さい。

ハルカちゃんは、もう立派な大人だよ。でも、ハルカちゃんが分かれば、どんな人でも理解できるってことなら、納得できるかな。

何だか馬鹿にされているような気がします。

それはそうと、相手が他者であると意識したなら、感覚は通用しないから、筋道を立てて説明しなければならない、その筋道の立て方が論理だったね。

「それはそうと」って、先生、また上手にシグナルを使いました！

（コホン）……多くの人が「読書術」「思考力」「会話術」「文章術」と様々な本を読んで身につけようとするけど、論理を抜きにいくらそういった勉強をしても何の意味もない。
逆に、論理さえ身につけたなら、「読解力」「記憶力」「思考力」「会話力」「文章力」「コミュニケーション力」など、すべてが同時に変わってしまう。まさに論理は万能の技術なんだ。

はい、それ、先生から聞いたことがあるけれど、まだ深くは理解できていません。

そうだね。
でも、すべてが同時に変わるのはなぜか、ハルカちゃん、分かるかな？

そんなの、分かっているなら、こんなに悩んでなんかいません。

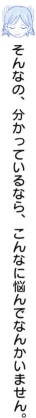

実は論理とは言葉の使い方に過ぎないからなんだ。どんなに勉強したところで、言葉の使い方が変わらない限り、人はそう大きく変化することなんてできない。逆に、言葉の使い方さえ変えることができたら、読み方、考え方、話し方、書き方など、すべてが同時に変わってしまう。

なるほど！　先生、今、希望が湧いてきました！　先生も、言葉によって大変身を遂げたんですものね。

ハルカちゃんの機嫌って、くるくる変わるんだな。

「イコールの関係」は具体と抽象

ハルカちゃん、では、確認しよう。論理力とは、言葉を規則に従って使う技術のことだったね。

はい。覚えています。「イコールの関係」「対立関係」「因果関係と理由付け」でした。

正解。論理といっても、このたった三つの規則を使いこなせるかどうかだけなんだ。

先生！　たった三つなら、記憶力のない私でも大丈夫です。世界一簡単な論理の授業ですよね。

そうだよ。よく「自分で考えましょう」と言うけれど、論理という法則も知らずにいくら考えたところで、たいていは苦し紛れの思いつきに過ぎない。

それって、以前の私でした。頭が悪いのかなって、諦めていたところがあったのだけど、考え方も知らずに考えるって、本当に無理です。

そうだね。正確に言うと、論理という法則も知らずに、論理的に考えることなどできない、と言うべきかな。ところで、ハルカちゃん、覚えているかな。言葉を使わずにものを考えようとした状態をカオス（混沌）と言ったね。

はい、以前の私の頭の中でした。

人間だけが言葉で世界を整理し始め、カオスから脱却した。その整理の仕方が「イコールの関係」「対立関係」で、これが論理の基本となった。

そこで、「イコールの関係」だけど、これは具体と抽象との関係と言ってもいい。ハルカちゃん、抽象の意味は？

はい。個々具体的なものから共通点を抜き取ることです。

うん。たとえば、「桜、梅、タンポポ、チューリップ」を具体とするなら、その共通点である「花」が抽象と言える。考えてみれば、言葉そのものが抽象的な概念なんだ。「花」は世界中の花の共通の要素を抜き取ったもの、「人間」だって、あらゆる個々の人間の共通するものを抜き取っている。だからこそ、わざわざ固有名詞という言い方があるんだ。

イコールの関係と具体化

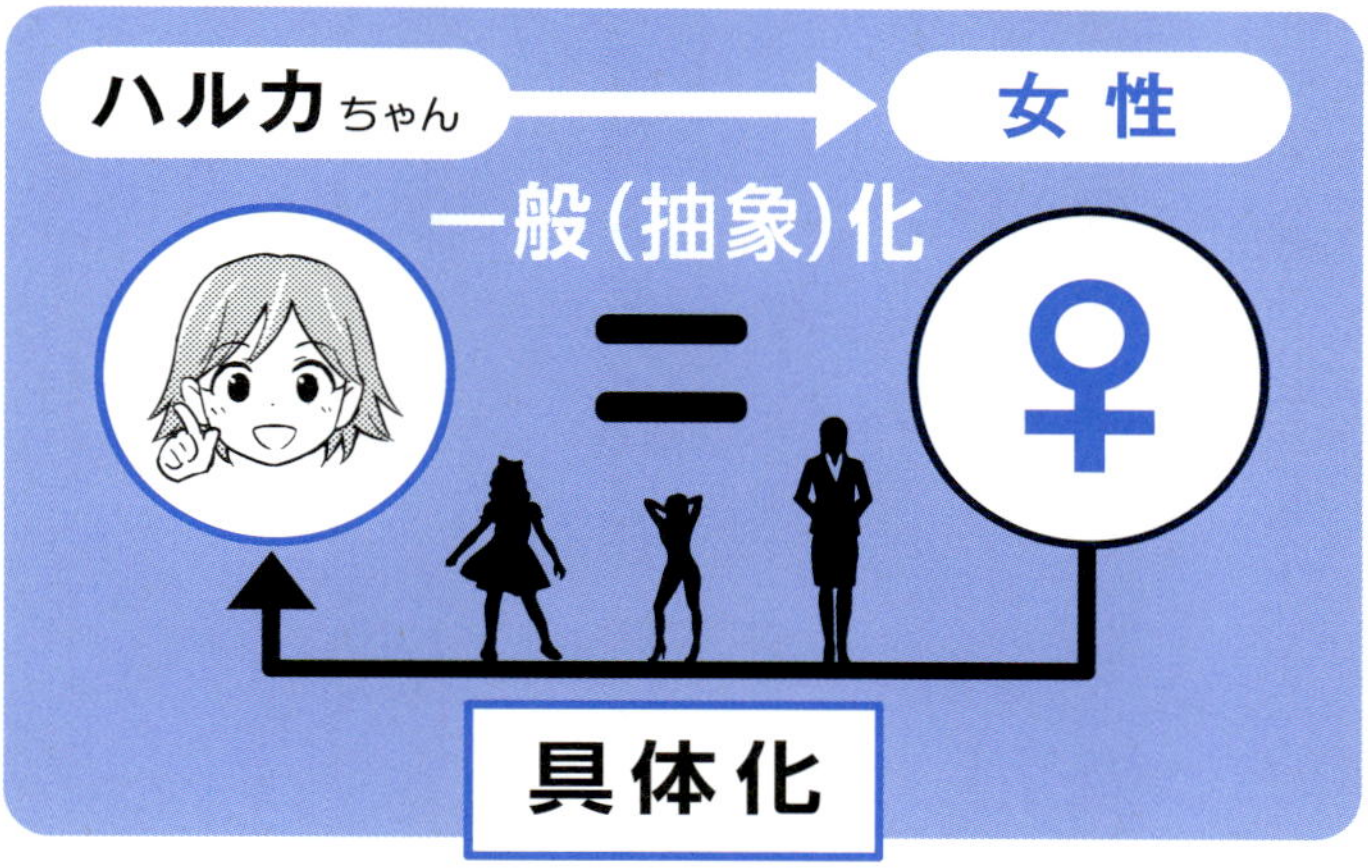

分かりました！　固有名詞以外は、基本的には言葉はすでに抽象なんだ。

基本的にはそういうことだね。もちろん、言葉にはそれ自体で意味を持つ自立語と、自立語にくっつく付属語とがあって、正確に言うと、自立語のうち感動詞を除いた言葉が具体と抽象との関係で成り立っていると言える。

天と地、男と女、神と悪魔、暑いと寒い、好きと嫌い、生と死など、混沌たる世界を「イコールの関係」「対立関係」で整理したのが人間で、それらはすべて言葉そのものの働きによる。

だから、聖書でも「始めに言葉ありき」なんだよ。

言葉は世界を「イコールの関係」「対立関係」で整理するものか……何だか、私の発想が変わりそうです。

そうだね。コンピュータも人間の頭をモデルに作られたものだから、どんなアプリケーションでもＯＳの上でないと動かない。そのＯＳは言語処理をする場と考えてもいい。もっとも、この時の言語はコンピュータ言語という特殊なものだが。

確かにカオスの状態だとコンピュータは動きません。フリーズしてしまいます。

そこで、「論理的に話す技術」に戻るけど、頭の中にある伝えたい情報を言葉で整理して話すことができるかどうかなんだ。

言葉そのものが論理を孕んでいるのに、その言葉を論理的でない使い方をして話す限り、それはカオスのまま話すことになり、相手が理解できるはずもない。

先生、それはそうなんですけど、まだピンと来ません。何か分かりやすい例はないですか？

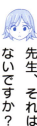

その分かりやすい例が、「イコールの関係」なんだよ。伝えたい主張をAとすると、具体例はA′。もちろん、具体例は主張Aを裏付けるために持ち出したものだから、A（主張）＝A′（具体例）という「イコールの関係」が成り立つんだ。

先生！　私って、今例を挙げて下さいってお願いしたのだけれど、これって、先生に論理的な説明を求めていたんですね。

その通りだよ。では、一つ「イコールの関係」の例を挙げよう。

羅列型の話し方は相手を混乱させる

ハルカちゃんがもし相手にどうしても伝えたいことがあったら、どんな話し方をする？

え〜と、そうですね。たとえば彼にこれだけは分かって欲しいということがあ

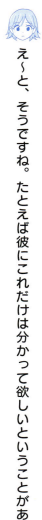

ったら、とにかく一生懸命伝えます。相手が分かってくれるまで、たくさんたくさん喋ってしまうと思います。

その結果、彼は本当に分かってくれた?

う~ん、耳が痛いとか、頭がごちゃごちゃしてきたって言われました。本当にひどい!

その彼の気持ち、分からないでもないよ。

先生、どういうことですか!

うん。問題はその話し方が羅列型になっていないかどうかだ。
ハルカちゃんは、大切なことだからたくさん喋ってしまったって言ったね?

はい、おかげで喉がからからになりました。

でも、相手の立場になって考えてごらん。言葉には意味があるから、たくさん喋るとそれだけ相手は多くの情報を受け取らなければならない。その情報の量が多ければどうなる？

あっ、頭の中に膨大な情報が次々と入りこみ、うまく整理することができなくなります。それに耳が痛くなります。

耳の話はともかく、ハルカちゃんの話が羅列型だったら、相手はその情報と情報との論理的な関係が分からないから、頭の中がごちゃごちゃしてしまう。しかも、会話は話す瞬間に言葉が消えてしまうから、あれっ、前の話はどうだったのかなと思うと、ますます混乱する。

それなら、言葉数が少ないほどいいのですか？
でも、それでは相手が聞き落とすかもしれないし、なかなか理解してくれないのではないかと、何だか不安です。

何も言葉数を少なくしろと言っているわけではないよ。

えええ！　一体どうしろって言うのですか？

話し方が羅列型になっていないかどうかが問題なんだよ。Ａ＋Ｂ＋Ｃといった話し方だったら、ＡもＢもＣもどれも同じ比重だから、すべてを頭の中に入れなければならない。でも、Ａ＋Ａ′＋Ａ′だったら、どうなる？

はい。どれもＡの繰り返しだから、たくさん話してもらえればもらえるほど、なるほどって納得してしまいます。

そうだよね。これは文章を書く時も同じだけど、一つのまとまった会話では、話題は一つと思った方がいい。もし、話題を変えたいなら？

はい、「ところで」って、シグナルを送るのですね。

合格！

要点と飾りを意識せよ

ハルカちゃん、「論理的に書く技術」で、要点と飾りの話をしたよね？

はい、確か、一文にも要点と飾りがあるって話でした。

よく覚えていたね。主語も述語も抽象概念。「花が咲く」といっても、「花」は世界中の花の共通の要素を抜き取ったものだし、「咲く」といっても、これも世界中の共通の咲き方を表したものに過ぎない。

だから、表現する時は具体的な説明を付け加えることで、抽象概念を固定化しなければならない。

たとえば、「昨日買ってきて窓辺に置いておいた鉢植えの赤い花が、朝起きてみると、目の前で鮮やかにふわっと咲いた」というように。

わ〜、飾りがいっぱい。でも、言いたいことは「花が咲いた」ですね。

そうだね。この文を読むと、買ってきた時はまだ蕾だったけど、早朝、その蕾が初めて咲いていたことの感動が読み取れるね。それは「花」「咲いた」に飾りをつけたからなんだ。これが表現するっていうことなんだけど、「論理的に話す技術」でも原理はまったく同じだと言っていい。

一文にも主語と述語があるように、まとまった文章にも主張とその具体的説明というぐあいに、要点と飾りでできているって、教えてもらいました。

よく覚えていたね。

Aということを相手に伝えたいのなら、話の要点はAということになる。でも、相手はなかなかAということを理解してくれない。

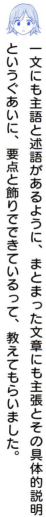

他者意識ですね。

うん。そこで、相手が思わずなるほどと頷くような具体例や、身近なエピソードを述べる。これらがA′で、飾りの部分だ。

会話は言葉を発した瞬間消えていくものだから、文章を書くこと以上に、分かりやすく、論理的に話す必要がある。

Aから始めたなら、その具体例やエピソード（A′）をいかに挙げることができるかで、伝わり方はまったく違ったものになる。あるいは、面白い具体例やエピソードがあれば、最初にその話で相手の関心を惹きつけた後に、主張Aを持ってくる話し方もある。この場合は、A′→Aという論理展開になる。

なるほど。これからは論理的に話す時には、AとA′を意識することにします。

そうだね。慣れるまでは窮屈な感じがするけど、論理的な話し方が習熟してくれば、相手が納得顔で頷くことが多くなるから、自信が付いて、どんどんうまくなるよ。

先生は予備校でそれを実践したのですものね。

時々自分の話し方が、A＝A′ではなく、A＋B＋Cになっていないか、振り返ってみることも大切だね。

比べることで、主張がスッキリと明確になる

「イコールの関係」と同じくらいに大切なのが、「対立関係」だ。

はい。世界は「男と女」「○と×」「美人とブス」「先生と私」といったように、対立関係で整理されています……でした、ね。

う〜ん、なぜぼくとハルカちゃんが対立関係なのかよく分からないけど……。

え〜と、私はスマートだから……。

ぼくだって今ダイエット中！

それはともかく……先生、「対立関係」って、会話ではどのような効果があるのですか？

何だか、うまく話題を変えられたような……まあ、いいか……「対立関係」で最もよく使われるのが「対比」なんだ。「対比」とは簡単に言えば、比べるということ。他にも「弁証法」などいろいろとあることはあるけど、会話では「対比」さえ使えれば十分だ。

「対比」って、プレゼンとかで使えそうですね。

その通りだね。たとえば、今回の国語のテストが60点だったとしよう。ハルカちゃん、このテストの点、どう思う？

う～ん、微妙な点数だわ。悪くはないけど、すごい！　というほどの点数でもない気がします。

では、これならどうかな？「私はいつも国語は１００点です。しかし、今回は60点しか取れませんでした」。あるいは、「田中君は今回の国語のテストは40点でした。それに対して、私は60点取れました」。

あっ、それなら、分かります。最初のは駄目な点数だと思うし、後のだったら、なかなかだなあと喜びます。

うん。これは「比較」で、厳密な「対立関係」とは言えないけど、一応、前者では「いつも」と「今」、後者では「田中君」と「私」を比べている。比べることで、「私」が60点という点数をどのように評価しているかが、はっきりするね。

なるほど、対比させれば、自分の気持ちが相手に伝わりやすいのね。

60点といっても、その点数をどう考えるかは人それぞれだ。だから、話し手が何かと比較することによって、自分の評価をはっきりと伝えなければならない。いつも満点ばかり取っている人が、今回に限って90点で悔しい思いをしているのに、「90点って、すごい！おめでとう」と言われたら、やはり、嫌な思いをするだろう。

自分の価値判断を、相手に当てはめたらいけないってことですね。気をつけないと。

会話で「対立関係」を使うと、相手に納得させやすいんだ。たとえば、海外旅行から帰ってきて、その国では夜は危険で、一人で歩けないっていう話を聞くと、それに比べて日本はなんて平和で、安全だろうと思うし、電化製品がなかった時代を経験しているお婆さんから、料理や掃除、洗濯がどれほど大変な仕事だったかを聞けば、電化製品に囲まれている現代はいかに便利な時代かと気が付くね。

先生、それって、ビジネスの商談でも使えそうです。自社の商品を売り込む時、他社の商品と比べて、ほら、こちらの方が安くて、性能もいいよって、アピー

ルします。

うん、「対立関係」は商談には不可欠だよ。ただし、他社の悪口ばかり言ったり、自社のいいところばかり話したりすると、宣伝っぽくなって、かえって逆効果だ。やはり信頼が大切だから、それぞれの長所・短所を公平に指摘して、相手が判断しやすいように話すといい。

私、何だか「これいいよ、これいいよ、これしかない、これにしなさい」って、売り込みそうで、自分が怖いです。「対立関係」を効果的に使うには、ライバルの商品もしっかりとリサーチしておかなければいけないのですね。

実は、「対立関係」で最も大切なものは、反対の視点を持って、全体を俯瞰《ふかん》して話すということなんだよ。

いきなりなんですか！「反対の視点」とか、「全体を俯瞰」って。急に難しいことを言わないで下さい。

「対立関係」を使うと説得力が上がる

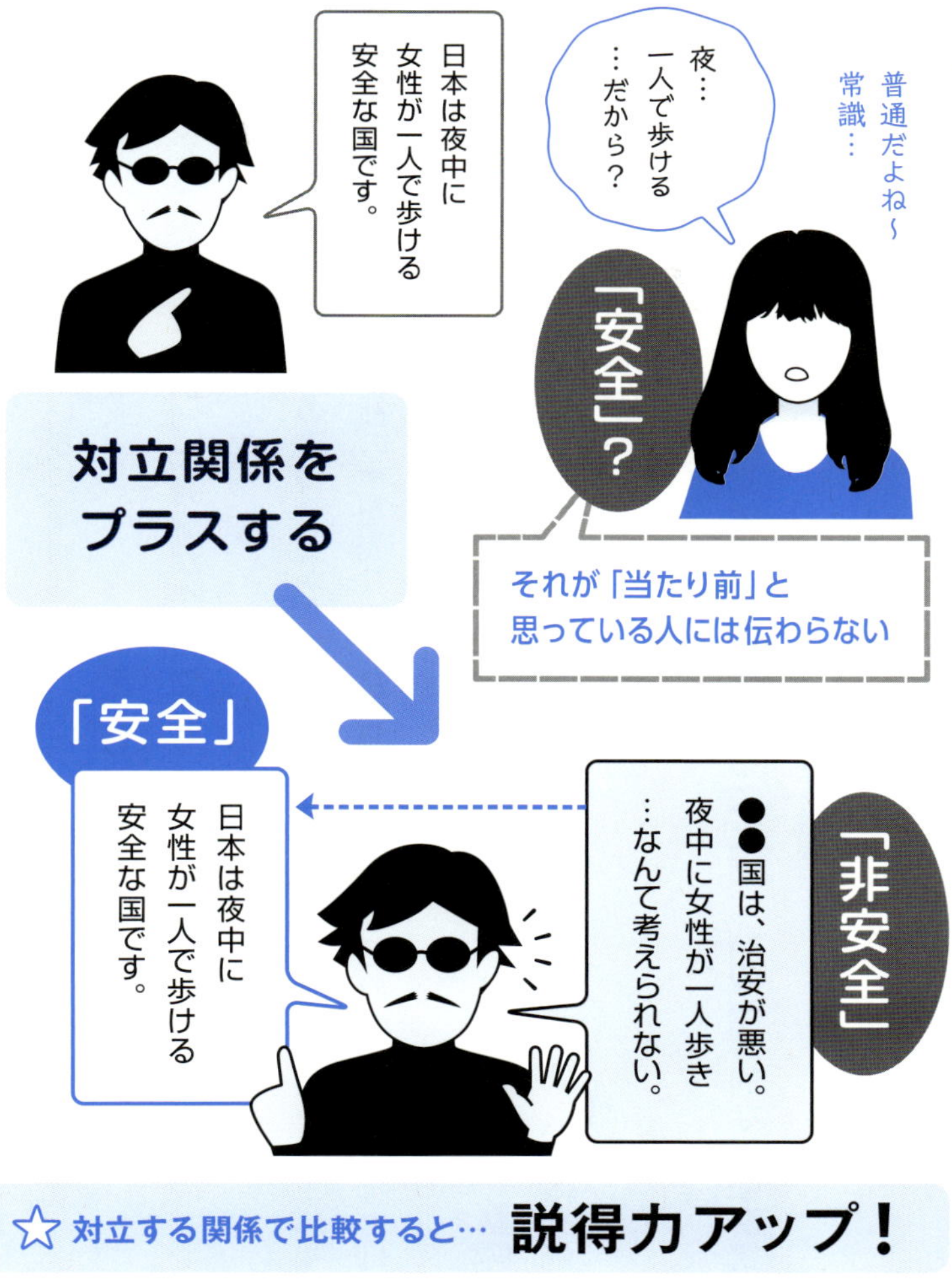

うん。たとえば、車を販売するとしよう。お客さんは当然ライバル車も視野に入れて、どちらの車を買おうかと悩んでいるに違いない。

あっ、そもそも、そういった発想がすでに「対立関係」なのですね。

そうだよ。それなのに、自社の車の話しかしないなら、お客さんは次にきっとライバル車を見にいくだろうし、ただ自社の車を売りつけたいだけだから、そのセールストークは信用できないって思うかもしれない。

物事を主張する時は、必ずその反対のものも視野に入れておくということが「対立関係」で、反対のものも視野に入れた上で、全体を見透して客観的に話すことが「全体を俯瞰」して話すということなんだ。

はい、分かりました！「対立関係」を意識することで、私の一方的な、機関銃のような話し方も少しは変えられるように思います。

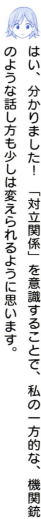

因果関係と理由付けが納得させる話し方

さて、論理という規則の最後が「因果関係と理由付け」だ。

先生、覚えています。「AだからB」の時のAが原因・理由で、Bがその結果ですね。「ハルカはかわいい。だから、人気者だ」という場合、「人気者だ」の理由が「ハルカはかわいいから」です。
逆に、「AなぜならB」の場合、Aが結果で、Bがその理由。先生、理由付けの例文も挙げましょうか?

いや、もう十分だよ。人はカオスである世界を言葉で整理する時、「イコールの関係」「対立関係」を使ったね。でも、思考は絶えず連続しているんだ。たとえば、「雨が降っている」と考えれば、自然と「だから、傘をさそう」とか、「お腹がすいた」と思ったら、「だから、何かを食べよう」とかのようにね。この「Aだから、B」という関係が、ハルカちゃんが指摘してくれた因果関係だね。

話をする時、この因果関係がうまくいかないと、論理の飛躍と思われてしまう。

あっ！　それも、私のことです。何かを話していても、すぐに頭が先に行ってしまったり、別のことを思いついたりしてしまいます。

だから、慣れるまでは、頭の中で因果関係が成り立っているかどうか、いつも気をつけてみることが大切だよ。

それにはまず「理由付け」を普段からすること。

先生、欧米の人は何でも「ｂｅｃａｕｓｅ」って、聞きたがるって、留学した人から聞いたことがあります。何か言う度に理由を付け加えなければならないから、慣れるまですごく疲れたって。

その通りだよ。逆に、日本人はあまりにも理由を述べようとしない。

先生、どうしてなのですか？

日本人は他者意識が希薄だからだ。だから、理由をわざわざ述べなくても、相手はそれを察してくれると、無意識に思い込んでいる。

でも、それで会話が成立しているかっていうと、実は何となく成立している気になっているだけ、ってことですね。

うん。たとえば、みんなで「イタリアレストラン」に食べに行こうとなった時、ハルカちゃんが「私、行きたくありません」って言ったとしよう。

私、イタリアン、好きです。

そういうことではなくて、ただ「行きたくない」っていう主張だけして、その理由を述べなければ、みんなは困ってしまうだろ？

おなかがいっぱいなのか、お腹が痛いのか、それとも、イタリアンが嫌いなのか、他に何か理由があるのか、さっぱり分からない。だから、次にどのような判断を下していいのかも分からず、みんなは途方に暮れるしかない。まあ、これは極端な例だけど。

理由づけと「因果関係」

理由づけ「A なぜなら B」

A 自分の意見を述べてから

▶「**猫**が好きです」

…なぜなら

B 証拠の具体例を挙げる

▶「瞳が**美しい**からです」

因果関係「A だから B」

A 具体例を述べ、共通性を導き出す

▶「一生懸命 **練習**した」

…だから

B 自分の意見を結論づける

▶「試合に**勝つことができた！**」

ああ、そうか。確かに、自分の主張だけして、その理由を言わない人は一体何を考えているのか分かりにくいですね。

その通りだよ。たとえば、「アイスクリームが食べたい」と言ったとしよう。日本ではそれで十分話は通じるのだけど、欧米人なら「どうして？」とその理由を聞くかもしれない。暑いから何か冷たいものを食べたいのか、そもそもアイスクリームが好きなのか、あるいは、たまたま今アイスクリームを食べたい気分なのか。

もし、何か冷たいものが食べたいだけだったら、かき氷でもいいわけですしね。理由を説明すれば、相手もそれに合わせた反応をしてくれますね。

論理の話をまとめてみると、まず自分の話はそう簡単には相手に分かってもらえないと、他者意識を持つこと。だから、まず「話題」を提示して、相手に頭を切り替えさせること。

考えてみれば、それって、相手の意識をリードすることですね。それって、面白いかも。

そして、Ａ＋Ｂ＋Ｃといった羅列型の主張ではなく、まとまった会話では主張を一つに絞り込むこと。すると、他者である聞き手は、その主張Ａについて考えればいいわけだから、それに集中できる。そして、相手が理解できるように、なるほどと思えるような具体例を挙げること。

ああ、そういう話し方をしてもらえれば、私も落ち着いて話を聞き、理解できると思います。そして、それだけでなく、必ず理由も付け加えること、でしょ？

うん。理由を付け加えることで、なぜそのような主張をしたのかも理解できるから、それに対して、相手も意見を言いやすくなるね。そして、もし、その時納得がいかなければ、相手は反論してくるに違いない。

先生、それだと言い合いになってしまいます。

ハルカちゃん、会話はお互いに主張し合って、よりスパイラルに話が上昇していくことが大切なんだよ。そのためにはお互いに論理的に話し合わなければならない。どちらかが一方的に話をして、聞き手が深く理解しないまま、ただ頷いたり、愛想笑いを浮かべたりするだけなのは本当の会話ではない。

それって、愛撫の言語ですね。

おっ、よく分かっているね。さらに自分の主張を明確にして、相手に考えさせる機会を与えるためには、「対立関係」を持ち出すのがいい。反対の主張や例を持ち出すことによって、相手は話を頭の中で整理することができる。

何となく、私の話し方も変わっていくような気がしてきました。先生、ありがとうございます。

ハルカちゃんと彼氏候補との会話って、今までどうだったのかな？

ハルカちゃんが一方的に、機関銃のように自分の主張を述べるだけで、彼はハルカちゃんがなぜそのような主張をするのか分からず、必死でその理由を推測するうちに、いつの間にか前の発言を忘れてしまって、ハルカちゃんに「ちゃんと聞いているの？」って、怒られてしまう。あるいは、ハルカちゃんが頭に浮かぶままに次々と話を繰り出し、彼が話と話の論理的関係を考えているうちに、突然話題が別の方向に行って、彼の頭はすっかりと混乱してしまう。すると、ハルカちゃんに「ぼーっとしないで！」って、怒られる。それとも……。

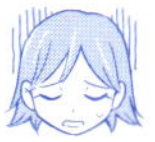

先生、どうして知っているのですか？
でも、まるで私って、反面教師……。

論理は習熟して初めて役に立つ

では、「論理」の講義、最後に一番大切なことを言おうか。

はい、お願いします。

論理とは規則に従った言葉の使い方だったね。言葉である限りは、習熟＝身体化したかどうかがすべてだ。

たとえば、ご飯を食べる時、お箸の持ち方を意識することはない。自転車に乗る時に、運転の仕方を意識することはない。

そう言えば、そうですね。無意識のうちにお箸を使っているし、自然と体が動いて自転車を漕いでいます。でも、初めて自転車に乗る時は、怖くて怖くてどうやって運転すればいいのか、すっかり混乱状態でした。

それは毎日毎日使っているうちに、体が覚えてしまって、自然と動き出すからなんだ。言葉だって同じで、朝起きた時に、「今何時だろう?」とか、「今日の予定は?」って思う時、言葉の使い方を意識することはないよね?

はい、無意識に言葉でものを考えています。

それが習熟＝身体化なんだ。そして、ハルカちゃんはすでに「何となく」といった言葉の使い方に習熟してしまっている。

あっ！　先生、その通りです。

だから、それを変えるのはけっこう大変なんだ。論理的な話し方ができるようになるには、単に論理を理解したり、勉強したりしてもほとんど効果がない。

先生、論理ってたった三つの法則だけだって聞いたので、楽勝！　って、思ったのですけど、世の中、そう甘くはなかったのですね。でも、どうしたらいいのですか？

まずは一定期間、論理を徹底的に意識すること。それには論理的な文章を、論理を意識して読むことから始めても効果的だ。

先生、話し方を学ぶのに、読書ですか？

頭を論理的なものに鍛えるためには、論理を意識しながら文章を読む訓練って、結構大切なんだよ。会話では論理的でなくても、何となく成立しているように錯覚してしまうから。時には、ぼくの現代文の問題集を解いてみるのもいい。

受験生でなくても、ですか？

現代文の文章は論理的なものを集めているし、設問を解くことで、論理を理解したかどうかを確認することができるからね。別に、新聞やビジネス書でも、論理的に頭を使う訓練になるものなら、何でもいい。要は、絶えず論理を意識することがこの時期には一番大切なんだ。

先生、慣れないうちは「論理」「論理」で、頭が痛くなりそうですね。

でも、逆に、新鮮で、面白いと思うかも。あるいは、自分が今までいかに非論理的であったかが分かって、いい体験になるんじゃないかな。

でも、いつまでも論理、論理では疲れてしまいます。

それは習熟するまでのこと。いったん習熟してしまえば、自転車を漕ぐように、自然と論理的に考え、論理的に話せるようになる。

あっ、そうか！　毎日繰り返せば、誰でも箸を使えるようになるし、誰でも自転車を漕ぐことができるようになるのですね。

その通り！　論理とは学習・訓練によって習得すべきもので、論理的でないのはその人の性質というよりも、実はそういった訓練をしていないだけなんだ。もちろん、生まれつき論理的な頭を持っている人も、そうした性格の人もいるけど、論理は訓練によって誰でも獲得できるものだ。

先生、私でも……ですか？

うん、ハルカちゃんでも論理的になれるから、誰でもなれる！

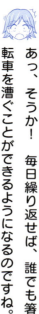

う～ん、何だか励まされたような、けなされたような……。

もちろん、文章を論理的に読んだり、論理的に考えたりするだけでは駄目で、やはり普段からそれを会話に生かすように心がけなければならない。

先生、どれくらいがまんをして、論理を意識すれば、論理的に話す技術を習得できるのですか？

それは個人差もあるし、その人がどれだけ論理を意識して毎日を暮らしているのか分からないから、一概には言えないよ。でも、考えてごらん。誰もが毎日毎日会話をしているはずだよ。朝家族と話したり、会社で上司や同僚と話したり、ビジネス上で打ち合わせや商談をしたり、会社が終わると彼氏や友だちと食事をしながら会話をしたりと。くつろぐ時まで論理を意識せよとは言わないけど、論理的な会話をする機会なんて、その気になればいくらでもある。

確かにそうですね。本人の努力次第なのですね。何か新しいことを始めなければ

ばならないと思うと肩の荷が重いけど、意識を変えるだけだったらば、私にも何とかできそうです。これからは毎日会話の時に論理を意識するようにしますね。

そうだね。確かなことは、論理的に話す技術は誰でも習得可能ということだ。習得するまでの期間は個人差が大きいけど、習熟するまではとにかく諦めないこと。

はい。私、努力する女です！　先生、よろしくお願いします。

第３章のポイント

- 論理とは、「イコールの関係」「対立関係」「因果関係と理由付け」という、たった三つの言葉の規則に過ぎない。
- 羅列型の話し方ではなく、一つの話題を「イコールの関係」を使って、論理的に話すべきである。
- 「対立関係」を持ち出すことによって、主張が明確になり、相手もそれを整理しやすくなる。
- 主張には理由付けが必要である。原因→結果という因果関係を明確にすること。
- 言葉は習熟＝身体化して初めて役に立つ。

第4章

あなたの周りにもいる「迷惑な話し方」

大変！
犬が逃げちゃって！
！
いそうなところ
わかる!?
今は家で
エサ食べてる
解決済みかよ！

第4章では、実践的な話し方の練習です。実は、最も身近なコーチは、あなたの身の回りにいる、親しい人たちなのです。

彼らの話し方をじっくりと観察してみて下さい。家族や恋人や親しい友人、上司や同僚、仕事関係の人が一体どのような話し方をしているのか。

ほらほら、あなたの周りにも迷惑な話し方をする人がたくさんいるはずです。実は彼らがあなたの格好のコーチなのです。

彼らの話し方のどこが迷惑なのか、それが分かったなら、それはあなたが論理的に話す技術を身につけ始めている証拠です。そして、あなた自身もまた無意識のうちに迷惑な話し方をしているのかもしれません。それに気が付けば、しめたもの。

さあ、「論理的に話す技術」の実践練習の開始です。

何でも主語を省略する話し方

さて、これからいよいよ実践編だ！

先生、これから一体何をやるんですか？ 実践練習ってことは、私と先生とで論理的な会話を練習するのですか？ 相手が先生なら望むところです。

早合点しないこと。何もわざわざ実践練習をしなくても、優秀なコーチは周囲にいくらでもいる。

え？ どこにいるの？ 私の家族も彼もみんな話し下手だし、私の上司なんて、もっと駄目です！ 何を言いたいのか、さっぱり分かりません。

ほら、優秀な先生たちばかりだ！ 周囲の人たちの話し方をよく観察してごらん。身近な人たちの中に、無意識のうちに周囲に迷惑をかけている人がいるんじゃないかな。本人にはまったく悪気がないのだけど、聞き手が困ってしまうような話し方……。

あっ、います、います。迷惑な話し方ですね。

そうだよ。その話し方がどうして迷惑なのか、それが分かったら、ハルカちゃんも分かりやすい、誤解なく伝わる話し方ができるはずだ。

他山の石ですね。

おっ、いいこと言うね。「人の振り見て、我が振り直せ」とも言うね。

問題なのは、彼らが周囲にどれだけ迷惑をかけているのか、本人がまったく気が付いていないということだ。無自覚だから、その話し方をいつまでも変えようとしない。おそらく死ぬまで周囲に迷惑をかけ続けているんだろうね。でも、そうした迷惑な話し方をする人は、「論理的に話す技術」を身につけるには格好の教材なんだ。さて、ハルカちゃん、最高の教師は誰かいたかな？

先生、いました。本当に身近なところに。実は、私のお母さん。お母さんが興奮して何かを話し出すと、いつも家族の中に混乱が起こるのです。

では、お母さんの話し方のどこに問題があると思う?

今まではどうしてかよく分かりませんでした。でも、先生から論理を教わったので、お母さんの話し方の欠点、今ではよく分かります。私のお母さん、いつも主語を省略してしまうのです！

先日も、こんなことがありました。お母さんが突然大声で、「大変よ！　お腹に穴が空いてる！」って、言うんです。私、てっきりお母さんのお腹に穴が空いたのかと思って、「大丈夫？」って叫んだのだけど、お母さん、「大丈夫じゃないわ」って。私、二階にいて、お母さんの様子を見ていなかったんだけど、あわてて救急車を呼んだら、お母さんはきょとんとした顔で、「犬の服のお腹のところ、穴が空いていただけなのに」だって。本当に迷惑です。先生、お母さんに主語の大切さを教えて下さい。主語は一文の要点なんです。

う〜ん、確かに何でも主語を省略して話すのは誤解を生みやすいけど、ハルカちゃんも早とちり過ぎるよ。やはり親子だなあ。

先生、それって、失礼です。お母さんったら、いつも主語がなくて、いきなり感情語で話し出すんです。「来て！」って呼ばれたから、慌てて駆け寄ったら、どうも宝くじの番号を見る時に、「当たりが来て」と言いたかったみたいだし、思わず単語で会話することだけは止めてって、叫んでしまいました。先生、こんなお母さん、一体どうしたらいいですか？

ハルカちゃんのお母さんほどではなくても、誰でも主語をうっかり省略して話しがちなんだよ。そして、本人はそのことに気が付いていない。

自分で気が付かないって、何だか不安ですね。私も無自覚に同じことをしているのかしら？　周囲の人たちが陰で笑っていたら、どうしよう。

まずは他者意識を持つこと。相手はこれから何を話されるのか、まったく分からない。

それなのに話し手は相手も当然分かるだろうと、無自覚に言葉を省略してしまう。それが大切な主語ならば、聞き手は何の話か分からない、となる。

そうか。自分の頭の中にあることは、相手の頭の中にはないのだから、丁寧な話し方を心がけなければいけませんね。

うん。ハルカちゃんのお母さんは家族との会話だから、きっと他者意識を抱きにくかったんではないかな。親しい人との会話では、特に省略は気をつけなければならないね。これは当たり前のことだけど、省略しても伝わる時だけ、言葉は省略できるんだよ。

似たようなタイプとして、何の話を始めたのか分からない人もいるね。相手が何の話かまだよく分かっていないのに、相手は理解していると疑いもせずにぺらぺら喋ってしまう人。聞き手がようやく何の話か理解した時は、もう話の大半は終わってしまっていて、今までの内容は右から左へとすでに消えてしまっている。

先生、その治療法としては、最初に話題を提示しましょう、ですね。

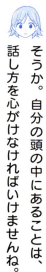

回りくどくて、周りをイライラさせる話し方

先生、聞いて下さい。実は私の会社の社長、話がとにかく長いのです。人前で話すのが好きみたいで、必ず社員を集めて朝の訓示を垂れることが日課になっています。その時の話の長いこと長いこと。私たちは直立したままで話を聞かなければならないので、足は痛くなるし、時間はもったいないし、時折感心した振りをしなければ機嫌が悪くなるので……本当に迷惑です！　先生、何とかならないですか？

でも、それだけ一生懸命、社員に何かを語りかけているわけだし……。

確かにそうかもしれないけど、一度言えば分かることを何度もくどくど繰り返したり、ストレートに言えばいいことを、回りくどい言い方をしたり、やっと別の話題になったと思ったら、知らない間に前の話題に戻っていたり……本当にスッキリとか、きっぱりという言葉をプレゼントしてあげたいくらいです。

でも、その社長は論理的に話をしようとしているか、丁寧に話そうと心がけているのかもしれないよ。もしそうだとすれば、話をする時、要点と飾りを明確にしたらいいのかもしれない。

先生、確かに社長の話し方、決して羅列型ではないのです。話が回りくどくて、せっかく「なるほど」と感心することがあっても、しつこく繰り返されると「えっ、また」と感じてしまって、そのとたん私の心が受け付けなくなるのです。

話が回りくどかったり、馬鹿丁寧な話し方をしたりする人って、結構ぼくの周りにもたくさんいるね。

ハルカちゃんの社長、毎日それだけ喋れるってことは、本当は論理力があるんだけど、丁寧に話そうとするあまり、同じ話を繰り返したり、前の話題に立ち戻ったりして、結局「話の流れ」を壊してしまい、全体としては論理的構成が崩れてしまうんだ。

確かに、言葉数は多いけど、全体として何が言いたかったか、さっぱり分からない時があります。それに話が長すぎると、何も印象に残りません！

それに、聞く側からすると、一度聞いてもう分かっていることを再度話されると、「またか」と思って逆に頭に入ってこない。たとえば、子どもの頃親や教師に同じことを何度もがみがみ言われると、反発したり、かえって受け付けないってことはなかったかな？

ありました！　親の言ってることが正しいとは理解しているんだけど、「もう分かっているから、いい加減にして！」って、かえって反発していました。

そうだね。いくらいい話でも同じ話を繰り返された瞬間、「ああ、またか……」と思って、その後にいくらいい話をしても、相手は心を遮断してしまいがちだ。本人は丁寧に話したつもりなのに、逆に相手に伝わらないのだから、本当に損な話し方だよ。

先生、うちの社長、どうしたらいいのですか？

うん。ぼくが社長にアドバイスするなら、まず他者意識を持ちなさいってこと。聞く人の立場になってみると、また違った景色が見えてくるはずだよ。それに聞き手の反応を観察しながら話すこと。きっと社員のイライラした様子がそれとなく分かってくるから。

本当にそうですね。うちの社長、きっと自分の話に酔いしれていて、社員の反応なんて見ていないんだ。

あと並列的に話さないこと。ハルカちゃんは羅列型の話ではないと言ったけど、何が一番言いたいことなのか、話の要点を明確にしないから、社員に伝わりにくい。

確かにたくさん話されたなら、どれも大切ではないんだって思ってしまって、言葉が耳の中を素通りしてしまいます。

まとまった会話の中で、相手の頭の中に入るのは原則一つだけだ、これを肝に銘じること。その上で、何が主張か、その証拠となる具体例は何か、理由付けは何かと、全体の論理構成を明確にして話す。

先生、どうしても伝えたいことが複数ある時はどうすればいいのですか？

その時は、「大切なことは三つある。一つは～」という風に、最初に述べておくと、聞

き手は大切な三つの事って何だろうって、そのことに集中できる。これをナンバリングというのだけど、これにしたって最大三つまでと思った方がいい。

はい。大切な事は十個ある。一つ目は、二つ目は……なんてやられたら、最初の段階でもう聞くのはよそうって思ってしまいます。

あと似たような例で、結婚式やパーティで最初の挨拶や乾杯の挨拶を頼まれた人。

そうそう！　友だちの結婚式で、乾杯のグラスをみんな片手で持ったのだけど、そのグラスが冷たくて、しかも重いの。それなのに挨拶の人が延々と話し続けて、みんな心の中では「お願い、早く終わって」って。

そんな時は、簡潔に話す。しかも、重い言葉か、鋭い言葉にすると、聞き手の印象に残るものだよ。きっとたくさん話をしなければ格好が付かないと思い込んで、聞いている人たちの気持ちを理解しようとしない人なんだろうね。

他者意識の欠如です！

立板に水のような、流暢な話し方

今度は一つ、ぼくの友人の話し方を紹介しよう。流暢《りゅうちょう》な話し方をする男で、まるで「立板に水」といったごとく、淀《よど》みなく話す人。もちろん、職業は予備校講師だ。

えっ、先生！　それって、迷惑な話し方なのですか？

別に迷惑ってわけではないが、流暢な話し方って、意外と人に信用されないものなんだ。講義でも90分喋りまくり、生徒は面白がって聞いているんだけど、終わった後、「あれ、一体何の講義だったのかな？」って、頭に何も残っていない。

でも、それだけ次々と言葉が浮かんでくるって、何だかすごいです。何でこん

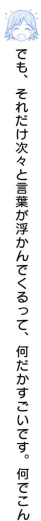

な風に喋れるのだろうって、感心しちゃいます。やはり人気講師だったのですか？

もちろん人気はあった。でも、その講義で実力が付くのかどうかは、また別の話だ。セールスでも、そういった喋り方をする人は、意外と成績がよくなかったりする。

「えっ、こんな人が」って思うような、どちらかというと口下手な人の方が、かえって営業成績がいい場合があると聞いたことがあります。

流暢に喋る人は話し方にテンポやリズムがあるので、気持ちがよくなって、自分の話に酔ってしまうことがある。すると、失言も多くなるし、第一相手に軽く思われて、信用されないことが多いんだよ。

確かに。何だか口八丁で、ホストのような感じがします。

はははは、ホストがどうかは分からないけれど、次から次へと話を繰り出されると、その時は「へぇ〜、そうなんだ」と納得して聞いていても、後から考えると話を理解できていないことに気づくことが多いんだ。ハルカちゃん、なぜだか分かる？

えええ？　言葉数が多いから、頭に入らないのですか？

うん、それもあるけど、一番の問題点は「間」がないことだ。

あっ、漫才や落語、舞台での台詞回しでも「間」が大切だって聞いたことがあります。

相手の話を理解するには、話を聞きながら考える「間」がどうしても必要なんだ。「間」があると、聞き手もそこで一息入れ、今までの内容を整理したり、自分の考えをまとめたりすることができる。だから次の話を集中して聞くことができるんだよ。「間」がないと、最初の話を理解しているうちに、話が次に展開していくから、いつまでたっても追いつかない。

おしゃべりな人と話をすると、よくそれを感じます。質問しようとしても、話が次に進んでしまって、そのタイミングが掴めず、仕舞いには嫌になってしまうことがあります。そんな時、「間」をとってくれたなら、こちらも安心して話が聞けるのに。

そうだね。一度自分がどのような「間」で喋っているか、意識してみるのもいいね。「立て板に水」の人はそれだけ「間」がないから、聞き手が内容を整理することができないし、質問もしづらくなる。すると、人間って、不思議なもので、だんだん話し手に対する信頼感が薄らいできて、相手が軽薄に思えてくるものなんだよ。

確かに軽い感じがします。

逆に、話し下手で、それを自覚している人は、相手の立場に立ってじっくりと考えて、慎重に言葉を選ぶから、かえって信用できるようなイメージを聞き手に与えやすい。

だから、セールスなんかでいい成績を取ったりするのですね。

それに大切な話をする時にしっかりと「間」をとることで、言葉に重みができるんだ。流暢に話す場面と、しっかり「間」をとって言葉に重みを与える場面と、話し方にメリハリをつけると、聞き手もどんな時に集中して聞けばいいのか分かるから、話を落ち着いて聞くことができる。

決して話し上手がいいわけではないのですね。

話し上手と論理的な話し方は別物だと考えていい。あまり流暢な話し方をすると、「ちょっと待てよ。大丈夫かな？」って、逆に相手に警戒心を抱かれてしまう。「分かりました。でも、ちょっと考える時間を下さい」と言われて、結局話がまとまらないことが多い。それよりも、十分「間」をとって、相手に理解したり、整理したりする時間を与え、論理的に説明できる方が相手から信頼され、結局契約に結びつくことが多いんだ。

なるほど。今まで上手に喋れたらいいなあって、思っていたけれど、実はそうではなかったのですね。

ところで、それとまったく逆のタイプで、「途中で考え込んでしまう人」もいる。話している途中で突然黙ってしまって、何かを懸命に考えているような人。もう話が終わりなのかなって思うと、またぼつぼつと話し始める。一体どこで話が終わるのか分からないから、みんなは黙ってその人が再び話し出すのを待っているしかない。

わあ〜、それも迷惑な話し方です。でも、流暢な話し方よりも誠実で、信用できる気がします。

そうだね。でも、みんなの時間を奪っているわけだし、他者意識を持って考えれば、もっとスムーズな話し方ができるはずだよ。

では、どうすればいいのですか？

考えながら話をするから、途中で止まったりする。話す前に自分の考えを論理的に整理することが大切なんだ。もし、何か大切なことで、今どうしても発言しなければならないけれど、まだ整理ができていないならば、「後で自分の意見を整理してまとめますので、話を先に進めておいて下さい」って言うしかないね。

やっぱり他者意識と論理が大切なんですね。先生、私の周りにこんな人がいます。
「笑い待ちの人」。

えっ？
笑い待ち？

はい、話の途中で変な「間」を取るんです。最初は何でこんな時に「間」をとるのか分からないでいたのです。その人は大阪の人で、まじめな話をしている時でも、必ずどこかで笑いをとらなければならないって思い込んでいるみたい。
しかも、自分の冗談は受けるものと信じ込んでいて、わざわざご丁寧に、聞き手が笑う時間までしっかりとうけ取ってくれるんです。
そういった人の冗談に限って本当につまらない。
折角のまじめな議論も中断してしまうし、こちらも無理に笑わなければならないのかと強迫観念に襲われるし、本当に疲れてしまいます。

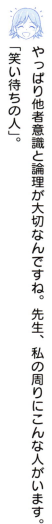

ははは、ハルカちゃん、結構困っているみたいだね。結局、会話って、相手とのコミュニケーションなので、相手の気持ちを察して話をしなければ、ひとりよがりの会話になってしまうってことだね。

自己完結した、一方的な話し方

先生、私の大学時代の先輩、今営業マンをしているのですが、彼も本当に迷惑な話し方をするのです。もともとスポーツマンで、情熱的なタイプ。それにすぐ物事に熱中しやすいのです。

なかなか営業マンとして優秀そうじゃないか。

優秀かどうか知りませんが、彼はとにかく一方的に喋りまくるのです。それが

あまりにも途切れることがないので、途中で口をはさむタイミングが摑めません。彼は話の途中でやたらとコップの水を飲むので、その時こそチャンスと、自分の意見を言ったら、すぐにその何倍もの答えが返ってきます。私が何か話題を提供しても、いつの間にか自分の話に持ち込んでしまうのです。

しかも、一方的に話した後は、自分の話で自己完結してしまって、満足そうな笑みを浮かべるのです。聞き上手って言葉、彼にプレゼントしたいくらい……。


ははは、結構その先輩には困っているみたいだね。

人は基本的に相手の話を聞くよりも、自分が話したいものなんだ。「一方的に喋る人」はそういった人間の心理を理解せず、自分の話が相手を満足させている、楽しませていると錯覚している。

先生、それそれ。先輩の満足そうな顔を見ていると、「先輩、ストップ！　少しは私にも喋らせて」って言いにくくて……それに一度思い切って、それを言ったら、先輩、きょとんとした顔をした後、「では、どうぞ」って。
いきなり話せと言われても、心の準備ができていなくて、結局何も言えなくて。

それは気の毒だったね。まずは相手の話をじっくりと聞いて、時折、「あなたの言いたいことは、つまり、こういうことですか？」って、要点をまとめたり、整理してあげたりすればいいよ。

あっ、そうか。そうすれば、相手の話にきれいに区切りをつけて、私が話すタイミングも取りやすくなるのですね。

でも、大切なのは先輩対策ではなく、他山の石で、それほど極端ではなくても、自分も似たような話し方をしていないか、それを振り返ってみることだ。

そう言われれば、私も聞き上手というよりも、喋りたい方です。よく彼氏候補から耳が痛くなるって言われます……やはり、これでは嫌われてしまいますね。

まずは相手と呼吸を合わせることが、会話においては大切なんだよ。最初はイライラするかもしれないが、それも「論理的に話す技術」を習得するための第一歩だと思って、相手の様子を観察しながら、話をじっくり聞くこと。

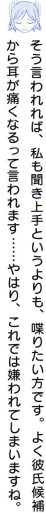

それと自分が話す番になったら、なるべく簡潔に話すこと。無駄な言葉はなるべく喋らず、いかに少ない言葉で相手を納得させるかを心がけること。

あっ、それって、先輩もいかに自分が無駄な話をしているか、もしかすると、気が付いてくれるかも……。

それは分からないけど、少なくとも話す訓練としては効果的だと思うね。

論理が飛躍する話し方

先生、まだまだあります。今度は私の彼氏候補のこと。彼って、突然話が飛ぶのです。ええっ！　いつの間に話が変わったの？　って、思わず心の中で叫び声を上げてしまいます。

話が次々飛んでいって、何が何だか分からなくなってしまいます。

あれこれ推測しているうちに、また話が変わってしまい、結局分からないまま、仕方なく相槌を打っていると、彼は「ぼくの話をちゃんと聞いていない」「話を理解してくれない」って、ふくれっ面をするのです。本当にやっていられません。

はははは、一方的に話すハルカちゃんと、話がすぐに飛んでしまう彼と、なかなかいいコンビだね。

先生、からかわないで下さい。でも、会話はキャッチボールっていうけど、ちょっと反省しなければいけませんね。

話がすぐ飛ぶ人は、自分が話したいことを、ただ話したいように話しているだけで、相手が自分の話に興味を持っているか、どれだけ理解してくれているかなど、まったく頭にないひとりよがりの話し方なんだ。

他者意識の欠落だって、彼に言ってやります！

人間の意識の流れって、意外と脈略のないものなんだよ。あることを考えていると、次の瞬間にふと別のことを思いついたりする。それをそのまま言葉にしたなら、相手は混乱するだけだ。

あれ？　それって、もしかすると、私も同じかも。いつも彼を責めているけど、冷静に振り返ってみると、私も同じような話し方をしていたかも。先生、「人の振り見て我が振り直せ」でしたね。本当に、名言。

うん。周りの人の話し方を見てると、自分も今まで無意識のうちに迷惑な話し方をしていたことに気が付くことが多い。その原因のほとんどが他者意識の欠落で、その結果、自分勝手な話し方になってしまい、論理的に説明できていないんだ。

う～ん……その通りです。

でも、本当に話の上手な人は適度に省略したり、ぽんと論理を飛躍させたりするんだよ。

えええ！　それって、ひとりよがりの話し方ではないのですか？

省略したり、話が飛んだりしても許されるのは、そこに一本の筋道が貫かれているからなんだ。論理的だからこそ、省略や飛躍があっても、聞き手は納得できる。変にくどい話し方よりも、かえって気持ちがいいほどだ。

それって、達人の領域です。でも、逆に話が飛んで分からなくなってしまうのは、その人の話がもともと論理的でないからなのね。

論点をすり替える話し方

先生、だんだん面白くなってきました。早く次に行きましょう。今度はどんな迷惑ですか？

これから紹介する迷惑な話し方は、政治家、評論家、マスコミ関係者、学者など、どちらかというと喋るプロたちの話し方だ。

ええ〜、先生、それって、迷惑どころか、お手本にしなければならない話し方ではないですか？

言い方を変えれば、そういうことかな。つまり、巧みに聞き手の目をくらませたり、自分の思想をすり込ませようとしたり、誤魔化そうとしたりする時の話し方で、それが巧みであればあるほど、世間に迷惑を撒き散らしている話し方だと言える。

それを見抜くためには、ぜひその手口、知っておきたいです。それに、いざという時には私も悪用できるかもしれないから。

実は、決して特別なやり口ではなく、誰もが無意識にやっている話し方でもあるんだよ。でも、それが迷惑な話し方であることが、なかなか見抜けない。

わあ～、とっても気になります。

それではいくよ。一つ目は論点を巧みにすり替える話し方。

はい。

たとえば、福島第一原発事故の後、放射能よりも交通事故の方が死者が多いから危険だとうそぶく有識者がいたことには驚きだったよ。これには原発再稼働に反対する世論を押さえ込む思惑があったんだ。ここでは原発再稼働の是非を問題にするのではなく、あくまでその時の論の立て方を問題にしたいんだ。

はい。でも、実際、当時原発事故での直接の死者はほとんどいないって、報じられていた記憶があります。それに対して、交通事故の死者は膨大な数です。あっ！　すると、因果関係から、自動車の生産を廃止しないなら、原発も再稼働すべきだという論理が成り立ってしまいます。

その通り。でも、どこかおかしいと思わない？

確かに何か納得できない気がしますけど、それをうまく説明することができません。私はその人の思惑にまんまと引っかかってしまいそうです。

今、原発事故の死者と交通事故の死者とを比べたよね。比較する時は同じ次元のものでないと有効ではないんだ。

まず原発事故での放射能はすぐに死者が出るというよりも、何年もかかって徐々に被害が明らかになる。それに対して、交通事故の死者はすぐに明らかになる。

あっ、そうか。原発事故のすぐ後には、原発事故の死者なんて分かるはずがありません。

もちろん、単純に死者の数だけなら、交通事故の死者のほうが将来も大きいかもしれない。でも、放射能の被害はその後奇形児が産まれると、未来の子供たちにも被害が及ぶ。

あるいは、人間だけでなく、動植物などあらゆる生き物、さらには空気や水も汚染する。

確かに交通事故とは次元の異なる話ですね。

それに原発事故はそこに住んでいる人たちに何の咎《とが》もないのに、その人たちの人生を狂わせてしまう。交通事故は避けようのないものもあるかもしれないが、基本的には加害者と被害者の関係だ。

そう考えると、原発事故と交通事故、決して比べることができないものを比べて、自動車を生産するなら、原発も再稼働だなんて、本当に論点を巧みにすり替えています。

うん。まったく次元の異なる放射能の問題と交通事故の問題を、単なる死者の数だけで比較することがすでに論点のすり替えなんだ。特に、テレビで発言する政治家・評論家にはこのタイプが多い。

それだけきっと利害が絡んでいるんだわ。私も、気をつけなくては。

そうだね。テレビを見て、有識者のそうした論点のすり替えを見抜くというのも、結構いいトレーニングかもしれないね。

一般論にすり替える話し方

これも多いのだけど、具体と抽象を巧みに織り交ぜて話をする人。これも注意しなくてはいけない。

先生、また難しいことを言い始めました。具体と抽象を織り交ぜるって、どういうことですか？

たまたま起こった一つの例を持ち出して、それが抽象的であることのような話し方をすることだ。

「みんなそう言っている」

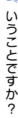

「世間では」
「常識でしょ」
が、その人の口癖だ。

あっ、すぐに「みんな」「世間」「常識」を持ち出して話す人って、結構私の周りでも多いです。そう言われると、その段階で反論できなくなってしまうから、それって反則よって、思わず心の中で叫んでしまいます。

よく子どもがオモチャを買ってもらいたい時に、「これみんな持っているんだよ」って言う。「みんな持っている（抽象）」→「ぼくも必要（具体）」といった論理だ。

私も子どもの時よく使いました。私のお母さん、そう言うとすぐに「仕方がないわね」と買ってくれました。

そんな時に、「みんなって、だれとだれとだれ？　お母さん聞いてみるから、名前を言ってごらん」と言ったら、きっとその子どもは黙り込んでしまうよ。

あ、そうか。一般論にすり替える話し方って、考えてみれば子どもがよく使う手口なんですね。私の女性の上司、何かあったら「世間では」って言うけど、そんな時、思わずそれはあなたの個人の意見でしょ、それを全体の問題にすり替えないでよ、って言いたくなります。もちろん黙って頷いてはいるんですけど……。

そうだよね。なかなか面と向かって反論できないから困ってしまうね。

具体的なことを一般化するためには、それ相当の論理的な手続きが必要なんだ。それを経ないで、いきなり「みんな」を持ち出すのは、やはり論理の飛躍だと思われても仕方がない。

事実に自分の推論を織り込む話し方

政治家や評論家、あるいはネット上の書き込みなどを見ていると、もう一つ気になることがあるんだ。事実に自分の推論を織り込む話し方をする人が実に多いね。

また難しい言い方ですね。自分の推論と客観的な事実との区別がないってことですか？

というよりも、意図的に両者を区別しない話し方と言っていいかな。

意図的ということは、これも何か思惑があってということですね。欺されないように気をつけなければ。

そうだね。人は自分の意見を相手に分かってもらおうとして、話をしたり文章を書いたりするのだけど、それがどれほど素晴らしい意見であろうと、やはり主観的なものに他ならない。それはあくまで自分の推論なんだ。それを説得力のあるものにしようとするなら、証拠となる具体例を挙げ、理由付けをしなければならない。

はい。自分の意見（A）＝具体例（A′）でした。

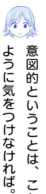

その時、具体例はあくまで事実でなければならないんだ。自分の推論の証拠として挙げる例がまた自分の推論であるならば、とても客観的だとは言えないからね。

先生から論理を習ったから、そのあたりのこと、頭にすっと入ります。

それはよかった。自分の意見に客観性を持たせるには厳密な手続きが必要なのに、それを経ないで、自分の主観的な意見を事実の如く話す人があまりに多すぎる。しかも、厄介なことにそこに巧みに事実を織り込んで話すから、どこまでがその人の個人的な考えで、どこからが客観的な事実か見分けが付かない。

主観と事実との峻別《しゅんべつ》。私も話す時に、気をつけます。

初めから決め込んでかかる話し方

ここからまた駄目な話し方を取り上げよう。

先生、いますいます。私のお父さん。本当に石頭で、頑固親父なの！　こんなに世の中が変わって、若い人たちの価値観も昔とは違っているのに、自分の古い価値観を変えようとしないんだもの。

確かに自分の考えを頑固に守り通し、人の意見を受け入れようとしない人がいるね。「初めから決めつける」人だ。こういった人が一人でも席にいるだけで、周りの人は疲れてしまう。

先生、「初めから決めつける」人が上司である場合は最悪です！　話し合いをする前から、すでに結論は決まっているんです。それなら話し合いや打ち合わせなんて意味がないじゃない！　って、思ってしまいます。

でも、僕たちも気をつけなければいけないよ。知らないうちに、自分の価値観で凝り固まってしまっている場合があるんだ。しかも、そのことに気が付かないでいる。

確かに自分の考えと合わないものは、私でもはなから受け付けないことがあるかもしれません。本当はいい意見なのに、最初から拒んでしまって、それを理解する気がない……それって、駄目ですよね。

うん。人間って、なかなか柔軟な思考ができないものなんだ。だから、人の話を聞く時は、まず自分の価値観を脇に置いて、その話をしっかりと理解しようと努めなければならない。そうでないと、お互いに話をする意味がなくなってしまう。相手の意見を素直に聞くと、なるほどと思えることが多いはずだよ。

自分の話をきちんと聞いてくれる人との会話は楽しいし、次々と新しい考えが浮かんできたり、会話が弾んだりするけど、初めから決めつけている人との会話は本当に意味がないと思います。

話をする時は、とりあえずは自分の意見は脇に置いて、白紙の状態で臨むこと。相手の意見を素直に聞いた後、今度は自分の意見を述べること。そうしたやりとりで会話は弾んでいくもので、最初から決め込んでいるならば何もわざわざ会話をする必要などない……これはぼくも肝に銘じないと。

話を膨らませる話し方

先生、もう一人います。私の同僚の男性ですが、何でも話を膨らませてしまうのです。最初は「彼って、すごいんだ」って感心していたのですけど、先輩から「あいつの話は、話半分だよ」と言われて、がっかりしました。

そうだね。おそらく自分の話に関心を持ってもらいたいタイプではないかな。あるいは、ウケを狙いたいタイプ。そのためには多少の脚色は当然だと思い込んでいる。別に嘘をついているわけではないし、ある意味、サービス精神の無意識の発露であって、その人自身大げさに話しているといった自覚はないのではないかな。それが無意識であるだけに、自分で修正するのは難しいなあ。

でも、折角がんばっているのに、周囲の評価が低いのは可哀想です。先生、何とかして下さい。

友だちとの楽しい会話なら、多少の脚色は問題ないけど、打ち合わせや会議の席、あるいは取引相手に脚色するのはよくないな。相手の信用をなくしてしまうと、やがてどこかで大きな損失を被ることにもなりかねない。サービス精神で無意識に大げさな話をしているとしても、実は仕事上は逆効果だと知った方がいい。特に数字を出す時は注意が必要だ。

先生、それなのです！　彼は打ち合わせの席で、よく数字を持ち出すのですが、その数字自体が根拠がなかったり、膨らました数字だったりすることが多いのです。

それは駄目だよ。数字というのは実に怖くて、人はその数字を突きつけられると、反論しづらくなる。それだけに正確な資料やデータを基に発言しなければならないんだ。その数字自体がいい加減だと判明すれば、その意見全部が否定されかねない。しかも、その発言者は信用をなくしてしまうことになる。

先生、先ほどの話に出た、主観と客観を織り交ぜる話し方に似ていますね。

うん。でも、それは意図的に織り交ぜているから、そこには黒い思惑があるけど、話を膨らませる人はサービス精神の発露からだから、それほど悪意はない。それだけに信用をなくすことになったら、気の毒だと思うね。

彼にもそれとなく注意しなくては。

自分の主張を裏付ける、根拠、具体例、データは正確を期すべきだ。その部分に誇張があると、その話全体が根拠を失ってしまうことになる。

それとやはり自分の主観的な意見と客観的な事実を厳密に分けること。そうした意識で話をするようにしたなら、ハルカちゃんの同僚の男性も徐々に周囲の人から信用される話し方になっていくと思うよ。

はい、彼にそうアドバイスします。それに、私自身も気をつけなくちゃ。

言い訳が多い話し方

最近入社してきた後輩で、やたら言い訳をする女の子がいるんです。彼女と話すだけで、神経が逆なでされるようで、思わず声を荒げてしまうんです。

「そんなつもりじゃなかったんです……本当は……」

「それはつまり……」

「仕方がなかったんです。だって……」

もう彼女のミスを怒る気もしなくなります。


人間って、誰もが主観的な立場からものを言うよね。たとえミスをしても、彼女の立場からすると、それには仕方がなかった様々な事情があるわけで、それを何とか理解してもらいたいと訴えるんだ。でも、これもたいていは逆効果になるということを知った方がいい。

本当です！　言い訳を聞かされれば聞かされるほど、本当に反省しているの！と思います。きっと言い訳をすれば相手がそれを認めてくれると思っているのでしょうけど、逆効果ですよね。今度は言い訳される側からものを眺めてみればいいと思います。

そうだね。上司は彼女が素直に非を認めて、反省してくれることを願っているんだ。そのことで彼女が次に失敗をしなければいいのだし、また徐々に仕事を覚えて成長して欲しいと思って、叱ったりするんだ。それなのに言い訳をされると、不愉快な気持ちになるし、無意味な疲労感が後に残るだけで、何もいいことはない。

先生！　失敗は素直に認めて、たとえどんな事情があろうとも、言い訳をしない！　これですね。その方がかえって潔くて、相手からも信用されると思います。

やたら指示語を使う話し方

迷惑な話し方の最後になるけど、実は予備校講師時代に、やたら指示語を使う講師がいたんだ。

「あれはね」

「だからそれはね」

「そこのところは」

って具合で、彼が言いたいことは何となく分かるのだけど、何だか漠然としている。

先生、います、そんな人。きっと何でもアバウトな人だと思います。

うん。アバウトというか、すべてに感覚的なんだろうな。指示語は適切に使うと、話が締まって効果的なんだが、何でも指示語で済まされると逆に分かりにくくなる。

実は同じ講師室に非常に生真面目な英語の講師がいて、ついにたまりかねて「先生、それって何を指しますか？」「あれって、何のことですか？」「指示内容を明確にして下さい」ってやったんだ。

あ〜あ、それ、喧嘩になっちゃったでしょ？

まあお互い大人だから喧嘩にはならなかったけど、それ以来あまり接触することはなくなったかな。

くすっ。その場にいて、その会話、見てみたかったです。

当事者はともかく、端《はた》で見ているとおかしかったよ。指示語があまり多いと、その人の話が大雑把に思われて、あまり信用されなかったり、曖昧で感覚的な話し方に聞こえたりするから、あまり得はしないな。

それよりも問題なのは、物事を頭の中で整理せずに、曖昧なまま言葉を発しているということなんだ。これも長い目で見ると、きっとどこかで損をしているんじゃないかな。

そうですね。何となくって感じで指示語が使われると、話が大雑把になって、

何となく分かったような、分からないような気分で終わってしまう気がします。

これがビジネスの話だったら、とても危険ですね。

先生、とても勉強になりました。ちょっと周りを見渡せば、本当に迷惑な話し方でいっぱい。でも、よく考えてみると、これらはすべて私自身でも思い当たることとあります。ちょっと、やばいです。

それが分かれば十分だよ。

身近な人の話し方をよく観察すると、自分が普段どのような話し方をしていて、しかも、それに無自覚なのかが分かってくる。

それが「論理的に話す技術」習得の第一歩なんだよ。

はい。肝に銘じます。

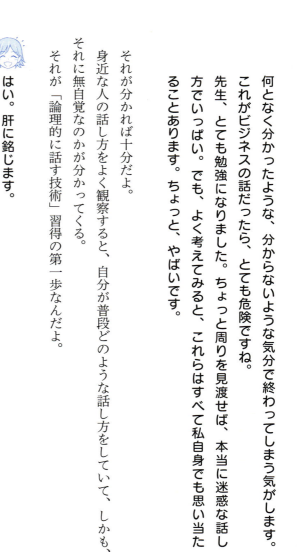

第4章のポイント

- 主語は省略しない。自分の脳裏にあることでも、相手の脳裏にはないと心得よ。
- 言葉数が多いと、それだけ聞き手は混乱する。羅列型の話になっていないか注意すること。
- 絶えず聞き手の立場になって、要点と飾りを意識すること。
- 流暢な話し方は時には信用されない。しっかりと「間」をとることも大切である。
- 人は聞くよりも、話したがるものである。話し上手よりも、聞き上手になれ。

第5章

スピーチ・打ち合わせ・会議でのワンランクアップの話し方

お目にかけましょう私の巧みなわじゅちゅ…
わず…
わじつ

最終章は、スピーチ、打ち合わせ、会議で、人を惹《ひ》きつけるワンランク上の話し方です。

私は予備校の大教室に溢《あふ》れかえる生徒たちに向かって、彼らを惹きつける話し方をしてきました。厳しい予備校戦争を生き抜くには、そうした技術は不可欠でした。

そこで私が実践してきた、人を惹きつける技術を紹介しましょう。論理をいかに話し方に落とし込むかに留まらず、メンタル面で大切なこと、声の出し方、間の取り方、コミュニケーションの仕方など、人前で話をするのが楽しくなるような、様々な技術です。

きっとハルカちゃんも大勢の前で、イキイキと話をし、みんなの拍手喝采を浴びるようになることでしょう。

初対面の人との話し方

先生、論理的な話し方の大切さは十分に分かりました。でも、私、初めての人だと緊張してしまって、うまく話せないのです。別れた後、相手の人、私のこと変な女だと思ったかもって、とても後味の悪い思いをします。どうしたら初めて会う人に好印象を与えることができるのですか？

よく知っている人、特に仲のいい人と会う時は緊張することはないけど、初めての人だと相手がどんな人か分からないし、自分がどんな印象を持たれるか、心配になるよね。わざわざ会おうとしたわけだから、当然その人によく思われたい、いい関係を作りたいと思っているわけだ。

はい。特に仕事関係の人だと、しくじったら上司に怒られると思うと、心配になって眠れない時があります。

それなら、前もって相手の情報を収集しておくといいよ。今ならインターネットを通じて、ブログ、ツイッター、フェイスブックなどで簡単に相手のことを調べることができる。場合によっては、相手の写真、趣味や好きな食べ物、共通の知人など、貴重な情報も簡単に手に入る。フェイスブックだと、相手が最近どんなことをして、誰と会っていたか、どんな本を読んだかなど、簡単に分かるし、相手の人柄も自然と読み取れることがある。

確かにそうです。相手のことがある程度予め分かっていたら、相手に対して興味も湧いてくるし、実際に会ったら何を聞こうかとか、楽しみになりそうです。

少なくても何を話していいか分からず、黙ってしまって、気まずい思いをすることはなくなるよ。

本当に便利な世の中になったと思います。

初めて会った時は、最初の数分が勝負だ。相手の顔を真っ直ぐ見て、笑顔で挨拶するなど、まず自分からアクションを起こすことが重要だよ。

たとえば、「前からお目にかかりたかったんです」って言うのもいいね。

いきなりそう言われたら、嬉しくなります。緊張もほどけるかも。

先手必勝だね。もしかすると、相手も初めての人だから緊張しているかもしれない。人間、自分に好意を抱いている人に対して、自ずと好意を抱き始めるものだ。少なくとも悪い気はしないはず。

先生、相手の褒めるところを探して、さらりと指摘するのはどうでしょうか？

おっ、それはいいアイディアだ。ハルカちゃんに「優しそうな方ですね」とか、「素敵な～ですね」って言われたら、誰だって警戒心を解いてしまうよ。自分が好意を抱かれていると思ったら、それだけでも緊張がほぐれ、リラックスできるもんだよ。

あと終わりも大事。

「それでは失礼します」って、お辞儀するだけでは駄目なんですか？

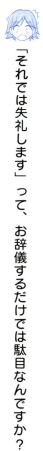

別れ際のイメージが次に会う時まで続くんだ。たとえば、別れ際に「今日は本当に楽しかったです。またお会いしたいですね」と一言付け加えるだけで、相手はいい印象を抱き続けることになる。別れてからも、相手の姿が見えなくなるまで、ずっと頭を下げ続けたり、見送ったりするのも効果的だよ。

初対面の人にいい印象を与えるには、始めと終わりが肝心なのですね。いいこと、聞いちゃった。

そうだね。しかも、その後しばらく会わないなら、最後のイメージが固定化されてしまう可能性が高い。

やはり、また会いたいと思って欲しいから、別れ際が勝負。相手にいい印象を与えて別れることにします。

結論は最初に示せ

さて、会話が始まったとしよう。ハルカちゃん、最初に気をつけることは？

え〜と、笑顔かな？

いきなり笑顔もわざとらしくて、変に思われるかもしれないよ。話し言葉は発した瞬間に消えてしまう。文章のように後から何度も読み返して、じっくりと考えるなんてできないんだ。まさに瞬間瞬間相手の心を引き込めるかどうかだ。

う〜ン。何だか緊張します。

だから、最初に結論を示す。

えっ？　早くないですか？　まだいろいろと準備が……。

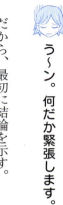

文章の場合は、最初に読者が関心を抱くエピソードを提示して、徐々に核心に迫っていくけど……そんな話し方はきっとうまくいかない。

なぜかというと、話し手の頭の中にはすでに結論があるが、聞き手の頭の中にはそれがないんだ。聞き手は結論は何だろうとあれこれ考えながら話を聞くから、いつまでたっても結論が出てこなければ、一体何が言いたいのだろうと次第にイライラしてくるかもしれない。

ああ、そうか……それに最後に結論を持ち出されたところで、最初の頃に持ち出したエピソードなんて、とっくに忘れてしまっているかもしれないものね。

うん。最初に結論を示したなら、聞き手はそれを頭に置いて、本当にその結論は正しいのか、なぜそのような結論なのかと、一つ一つ確認しながら聞くことができる。

そこで、話し手はその結論（意見）に対して、相手が理解しやすいように具体例やエピソードを挙げたり、理由を述べたりすればいい。そして、最後にもう一度結論を繰り返す。

聞き手が理解しやすい順番で、話をすればいいのね。会話って、意外と書く時

以上に論理性が要求されるのですね。

自分の立場は明確に

次に、打ち合わせや会議でのワンランクアップする話し方だよ。

はい。私も最近会議で発言しなければならない機会が増えています。先生、そこでみんなに認められる話し方をするために、ぜひ何か特別な方法を私に教えて下さい。

特別な方法と言われても困るけど、気をつけるべきことを二、三紹介しておこうか。

はい、お願いします。

打ち合わせや会議の席で大切なことは、自分の立場を明確にしておくことなんだ。あるテーマについて議論するなら、それに対して賛成か反対か、まずは自分の立場を示さなければならない。話をする時に、結論を最初にと言ったけど、それと同じことだよ。

参加する人の立場が一人一人明確だったら、議論がしやすくなりますね。

もちろん柔軟な思考が必要で、議論が進む中で当然自分の意見が変わることだってある。そうでないと、わざわざ話し合いの場を持つ必要はないわけだから。そして、互いに具体例や理由を検討したり、対立関係にある意見を検証したりする。だから、議論が実のあるものになる。

先日、会議の席で、ある課長が賛成か反対か、どちらの立場か明確にしないまま、あれこれと延々と喋って、いつまでも結論を言わないでいたら、最後に部長から「つまり、君は賛成なのか、反対なのか、どちらだね？」と言われたことがあります。私、心の中で思わず頷きました。

参加者全員を疲れさせる話し方だね。みんなが一番知りたいのは、発言者が賛成なのか、反対なのかということ。だから、最初に自分の立場を明確にし、その後にその根拠を明確にする。その方が参加者に力強い印象を与えることができるよ。

それに、その方が議論が熱を帯びるような気がします。

そして、自分の意見が正しくないと分かれば、潔く撤回すればいい。

質問は簡潔に

打ち合わせや会議の席で質問する場合があるね。その時、質問者はなるべく簡潔に話さなければならない。

質問する時に、長々と前置きをする人がいるんですが、あれって、聞いている

方は本当に疲れてしまいます。

そうだね。あくまで主役は発言者で、誰も質問者の話を聞きたいわけではないということを、質問者はきちんとわきまえなければいけない。

会議の席でも「質問があります」と言いながら、自分の話を長々としだして、なかなか肝心の質問が始まらない時があります。みんなの時間を奪わないでって、思わず叫んでしまいそうです。

ひどい場合は、質問の形を借りて、実は自分の主張をしている場合もある。特に、国会中継などを見ていると、政治家がよくやる手口だね。これは困りもので、やはり質問と主張は明確に切り離さなければならない。そうでないと締まりのない会議になり、一体何を議論しているのか分からなくなってしまう。

本当に進行の妨げになってしまいます。

それと似たようなことで、今度は質問に対して、ストレートに答えない人がいる。その結果、議論が噛み合わなくなる。

先生、それも、国会中継を見ていたら、よく感じます。国会中継って、意外と話し方の勉強になりますね。

残念なことに、反面教師になることの方が多い気がする。まあ、政治家の場合は質問に対して、故意にはぐらかせていることが多いので、ある意味では巧みな話し方と言えるかもしれない。

本当に。「あれっ、今の答えになっていないんじゃないの?」って感じることがあります。そのまま議論が進んでしまうと、胸の中に何かもやもやしたものがいつまでも残って、スッキリしません。

うん。質問されたら、「今○○について質問されましたが」と、相手の質問内容を確認した上で、「それに対して、私の考えは〜」と答えればいいね。あなたの質問を理解した

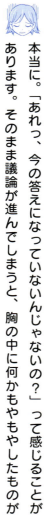

上で、私はそれに対して真っ直ぐに答えますというシグナルを送ることで、議論は焦点の当たったものになる。

それって、締まりますね。それに、そういった話し方をする人、みんなから一目置かれたり、信頼されたりする気がします。

もう一つ、気をつけなければならないのは、相手の話の言葉尻を捉えないということだ。

駄目な代名詞みたいですけど、結構、みんなやっていると思います。でも、それをやったら、議論が混乱してしまいます。

言葉尻というのは、議論の本質を摑まえないで、ちょっとした表現や些末なところを取り上げて、あげつらうことだ。それをやると、議論が本題からそれたり、紛糾したりしがちなんだよ。

どうしてそんなことをしてしまうのかしら？

うん。文章なら何度も読み返して、趣旨や要点を掴まえようとするが、話し言葉は瞬時に消えていくから、どうしても本題よりも、気になった表現や間違った言い回しなどが気になってしまうものだ。そこを突っ込みたくなる。

その結果、どんどん話が本題から外れていくのですね。やはり議論においても、しっかりと要点を捉えなければ駄目ですね。

それと今何が問題なのか、何を議論しているのか、それをはっきり意識して、そこから外れないようにする。議論の流れを見失わないようにすることが肝心だ。

打ち合わせや会議での礼儀

複数の人数での打ち合わせ、会議、講演と、聞き手の人数が多くなるほど、より不特定多数の人に対して話すことになるので、それだけ論理的な話し方が必要になり、文章を書くことに似てくる。

相手が誰だか分からないし、一人一人に合わせて話すわけにはいかなくなるからですね。

そうだね。もう一つ大切なのは時間の感覚を持つこと。発言する時は、その場にいる人の人数分の時間を使っているのだから、だらだら話したり、余分な話を付け加えたりする必要などない。

無駄な話を挟み込まれると、イライラしてしまいます。

ぺらぺら喋りまくるより、大勢の前だと最小限の言葉で簡潔に話した方がかえって聞き手を惹きつけることができるんだよ。

大人数での打ち合わせで、みんなが発言を始めたら、トータルでどれほどの時間が必要か分からない。

いつも場を考えるってことですね。

簡潔に話すことと、あまり話さないこととは、まったく別のことなんだ。簡潔に話すことは、要点を意識して話すということに他ならない。

ここでも論理が役に立ちます！

そうだね。もう一つ、会議で指名されると、下を向いて、ぼそぼそと小さな声で話す人がいる。本人は緊張しているか、自信がないのだろうけど、やはり大勢の時間をもらっているのだから、せめて大きな声で、はっきりと喋るべきだ。何も意見がないなら、「ありません」と正直に答えた方がよほど潔い。ただしいつも「ありません」では、やはり評価は下がるけど……。

でも、その人の気持ち、分かる気がします。誰もが先生みたいに自信を持って話せるわけではないので……私もいきなり指名されて、頭の中が真っ白になり、思わず涙ぐんだことがあるのですもの……。

そうならないためには、練習。論理的な話し方というのは、自分で自分の話す内容をしっかりコントロールするのと同時に、また聞いている相手をもコントロールすることなんだ。

自分をコントロールできない時に、自信のない話し方になったり、アガってしまってしどろもどろになったりする。

でも、誰でも最初から論理を扱えるわけではない。

練習ですね。先生も、数多くの場を踏んで、ようやく生徒を惹きつけることができるようになったのですから。

主観と客観を切り替える

打ち合わせや会議で大切なことの最後は、主観と客観を切り替えることだ。

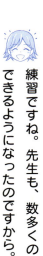

主観って、確か自分の意見のこと、客観が具体例などの証拠のことでしたね。

よく覚えていたね。自分の主張をA、それに対する具体例やデータをA′とすると、A＝A′と「イコールの関係」が成り立つが、あくまでAは主観、A′は客観であって、この二つには決定的な差があるんだ。

それをごちゃ混ぜにして話してはいけないってことね。何となく、分かる気がします。

うん。たとえば、表やグラフなどのデータや数字はA′で、客観的なものでなければならない。それに対して、自分の主張はあくまで個人的な意見であって、主観のA。

この二つを明確に意識して話すと、聞き手はあなたの意見を信用できるものとするはずだよ。

ネットなどの議論が炎上したりするのは、自分の意見をまるで客観的な事実のように取り違えて、感情的な言説を書き込むからなんだ。

主観的な意見と主観的な意見を戦わせても、それは議論とは言わないんだよ。

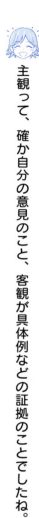

先生、それ、分かりやすいです。だって、ネット上の議論はあまりにも感情的で、意見と意見とのぶつかり合いになっていることが多いもの。それって、子どもの喧嘩と同じで、単なる感情ですね。

自分の意見に対して、それを裏付ける具体例やデータを明確に示し、その理由を述べる。それに対して、また根拠を持って反論していく。あるいは、相手が提示した論拠の是非を吟味する。主観的な意見に対して、あくまで客観的なものさしでもって論じていく、そこで始めて議論が成立するんだ。

大人の議論ですね。

発言の場を積極的に求める

打ち合わせや会議の席での発言は、みんなの時間をもらっているんだって言ったね。

はい。それって、結構プレッシャーです。

ならば、前もって周到な準備をして、ことに臨むべきだよ。綿密に資料を調べ、整理・確認したり、自分の意見やその論拠を頭の中でまとめておこう。準備をするからこそ会議の流れも把握できるし、突然指名されても答えることができる。また自分も積極的に参加したくなる。

高校時代の予習みたいですね。予習していないと、自信が持てないから、授業にも集中できませんでした。

ははは、そうだね。何の準備もせずに、ただ席に座って、もし指名されたらどうしようなんておどおどしているから、打ち合わせや会議が苦痛になるんだよ。ビジネスマンでも前もって念入りに準備する人と、ただ黙ってそこにいるだけの人とでは、やがて決定的な差が付いていくよ。

でも、先生、やはり性格的なものもあると思います。私みたいに内気で、控え

めな性格な人もいると思います。

ハルカちゃんがどうなのかはともかく、それなら経験を積んで、人前で話すことに慣れるしかないね。ぼくだって、最初に教壇に立った時には、おどおどしてしまったもの。

そうですね。折角みんなの時間をもらったのだから、貴重な体験を積ませてもらっていると思って、積極的に発言した方がいいですね。

うん。最後は経験量がものを言うよ。人前で発言しない人は、いつまでも経験を積むことができないから、いつまでたっても上手に話すことができない。逆に、積極的に発言しようと思うなら、それだけ前もって準備をしようとするはずだ。だからこそ、相手の発言も理解できるし、自信も付いてくる。

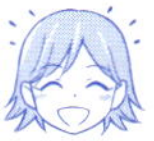

先生、私、控えめな性格をいったん返上して、これからは積極的に発言するように心がけます。

第一声で注目を集める

ここからは大勢の前で話すための、ワンランク上の技術について教えようか。

それって、予備校講師だった先生の得意技ですね。私も是非聞きたいです。

得意技かどうかは分からないけど、ぼくの経験を話すとしようか。

はい、よろしくお願いします。

別に大勢の前で講演をする機会がなくても、たとえばプレゼンとか、結婚式のスピーチとか、意外と人前で話をする機会は多いものだよ。

そうですね。私も立場が上がってきたし、発表の機会も増えそうなので、ぜひ人前で堂々と話せるようになりたいです。

大勢の前で話す時、話の内容はもちろんのこと、表情やジェスチャー、あるいはユーモアや「間」など、大切なことはたくさんあるけど、実は「声」とそれを発声するタイミングって、結構大事なんだ。

ええ？　声とタイミングですか。今まであまり考えたことはなかったです。

ぼくが男子校の教壇に立っていた頃の体験談を話そう。

へえ～、先生、男子校でも教えていたんですか。

ああ、男子校も女子校も大学も専門学校も、様々なところで教壇に立った経験があるんだ。当時、あまりレベルの高くない男子校だったので、授業中にみんながざわざわと喋り出す時があって、放っておくと収拾が付かなくなる。

そんな時、先生はどうしたのですか？　まさか殴ったり、は……。

もちろん暴力を振るったことはない。

ああ、安心しました。

みんなが騒いでいる時に、大声を出して怒鳴る教師がいるが、それは逆効果なんだよ。なぜなら、自分たちの声に遮られて、教師の声は遠くの方に聞こえている気がするんだ。怒鳴っても怖くなければ、男性教師だと生徒になめられるし、女性教師だと単にヒステリックに思われるだけだ。

確かに……またぎゃあぎゃあ言ってる、うるさいなあ程度にしか感じないかもしれません。

講義を止めて、教壇に教科書をバタンと置き、じっと生徒たちの様子を眺めている。

えっ？　怒鳴らないのですか？

やがて一人二人と「あれ？　先生、講義をしてないぞ」って、生徒が気が付き出す。そして、誰もが話を止めて、こちらに注意を向けるまでじっと待つんだ。必ずその時が来る。ただし、その一瞬を逃したら、またざわざわとしだすから、効果はない。

一瞬静まりかえったその瞬間、一言「こら！」って怒鳴るんだ。シ～ンと静まりかえっているから、ぼくの怒鳴り声は生徒の間近で聞こえるように感じて、彼らは凍り付いたように体を硬くする。

みんなが喋っている時は、自分だけが怒られることはないと高をくくっているので、こちらが怒鳴っても効果がないが、シ～ンとしている時に、一人だけ喋り出すのは勇気がいる。

当然です。その時は自分一人が怒られてしまうもの。

そうだね。その時必要なのは、怒りを込めた声だ。それは言葉ではないんだよ。

論理でもありません。

そこでくどくど説教したら駄目だ。一言怒鳴ったなら、後はただ黙っている。

わあ～、それって、身動きができずに、かえって怖いと思います。

それが成功するかどうかは、一声発するタイミングと、いかに声に怒りを込めることができるかどうかだ。どうしてか分かる？

声に力があるからですか？

うん。この場合は、声は生徒を殴りつけたのと同じ意味を持つ。でも、実際手で殴るとしても、一度に全員を殴りつけることはできない。第一、そんなことをしたら、こちらの手が痛くて仕方がない。

声は一度に、しかも、瞬間に全員を殴りつけ、自分の拳も痛めないのですね……先生、声って、すごい！　見直しました。

だから、大勢の前で話をする時、実は話す内容や話し方以上に、どんな声で話すかが大切なんだ。

もちろん、これは生まれながらいい声をしているとか、そういうことではない。

ああ、良かったです。彼はいつも私の声は耳障りで、うるさいって言うんだもの。

声の力を知ること

もう少し、声の話を続けてみよう。

実は、声には二つの特性がある。声には全身を込めることができること。ハルカちゃん、お腹に力を入れて、声を発してごらん。

はい。やってみます……。
わお〜!!……どうでしたか？

うん、なかなかいいよ。言葉は頭の中にあることを表現するけれども、声は意味を持っていない。だから、自分の怒りや悲しみ、愛情など、すべてを込めることができる。

先生、そういえば、「ありがとう」というお礼の言葉一つでも、義務的に言われたのと、心から言われたのでは、受け取る方の気持ちは全然違います。

つまり、声にはその人の温かさや冷たさ、優しさや無関心さなど、何でも込めることができるんだ。それともう一つ。

声は相手に直接届く。

あっ、そうか。言葉には意味があるから、いったんは脳裏を通過するわ。それに対して、声は脳裏を通過しない。

教室で一瞬静まりかえった後、声に怒りを込めて発すると、ぼくの怒りが瞬時に生徒全員に直接ぶつけられたことになる。声が彼らを殴ったのだ。

先生、やっぱり暴力教師だったのですね。冗談ですけど……。

ぼくは昔、旺文社のラジオ講座を担当していたのだけど、当時全国の受験生が深夜一時頃にそれを一心に聞いていたんだ。

ラジオ講座、聞いたことがあります。一昔前の話ですね。

ラジオはテレビと違って、姿が見えない。深夜、たった一人で、しかも、必死になってぼくの声を聞いているんだ。そんな時、ぼくはどんな声で講義をしていただろうか？温かい声、優しい声、厳しい声、力づけてくれるような声、もしかすると、講義の内容以上に声が大切だったのではないかと、今でも思っている。

先生、何だか気になってきました。私、普段からどんな声で喋っているのかしら？　怒っている時の声、嬉しい時の声、哀しい時の声、そして、どんな喋り方なのかな？

いいことを教えよう。

えっ？　何ですか？

自分の声、そして、話し方を録音してみることだ。実は自分の耳に聞こえる自分の声と、人が聞いている自分の声とはかなり違うんだよ。

ぼくも自分の声をラジオで最初聞いた時は驚いたし、何だか妙に恥ずかしかった。

そうか。自分の話し方を録音して、それを聞きながら、話し方の練習をするのも効果的かもしれないですね。

あと、声だけでなく、話すタイミングも大切だよ。まだ全体がざわめいている時、慌てて第一声を発しても、その声は彼らの話し声にかき消されて、誰も講演者に集中しようとしない。そのまま話を続けてしまうと、最後まで緊張感を欠いた講演になってしまう可能性がある。

それはそうですね。では、どうしたらいいのですか？

うん。最初の一声が大切なんだよ。
まず一呼吸置いて、会場全体を眺め回せばいい。みんなが次第に自分に注目しだし、辺りが静まりかえったその瞬間、大きな声でゆっくりと一声を発す。

男子校で磨いた技ですね。

大切なことは、その声に思いっきり心を込めること。だから、早口で慌てて話してはいけない。その声の力によって、一斉にみんなはこちらに集中する。すると、次第に落ち着きを取り戻すし、聴衆からも自信を持った話し方をしていると思われ、彼らも安心して話を聞くようになるんだ。

先生、声って、大事ですね。

言葉の重み、言葉の切れ

大勢の前で話すコツとして、最後に「言葉の重み」「言葉の切れ」について説明しよう。

「言葉の重み」と「言葉の切れ」、何だか格好いいです！

以前、ある社会人のディベート大会での審査員を務めたことがある。

ディベートって、お互い反対の立場に立って、論理で戦う競技ですね。

うん。その大会は聴衆が投票して、その上に審査員の票を加えて、勝敗を決めるというルールだった。

その時、片方が論理的に、しかも、相手を饒舌《じょうぜつ》に責め立てたんだ。当然、誰もが彼が勝利すると思っていた。

ところが、最後に相手側が放った言葉が実に重かったんだ。

重いって、どんな言葉なんですか？

そうだね。何て言うか、あらゆる深い意味を込めた言葉って言うのだろうか、誤解を恐れずに言えば、論理だけでは説明できない、たとえば、漱石の小説の中に使われている、一言では説明できないような言葉というかな、そんな言葉が聴衆の心を打って、最後に大逆転をした。

論理の「出口」とは思えない言葉です。

ぼくは別に論理がすべてだとは思ってないよ。世の中には論理では説明できない、あるいは、論理を超えたものがある。第一、人間という厄介な生き物自体が、非論理的な存在だと思う。

でも、論理という大変便利なものを習得しないなんて、それもぼくには信じられない。論理を習得したからこそ、論理を超えたものに向き合えるんじゃないかな。

論理を超えたものに出会うことができた時、それを真に理解し、それと深い所

で向き合えるには、せめて論理の基礎くらい理解して欲しいですね。

たまにはいいことを言うね。

「たまには」は余分です！

で、大会の最後に、ぼくが講評をしなければならないことになっていたんだ。なぜ、最後の最後で大逆転をし、聴衆を味方につけることができたのか？

ぼくはその勝因を「言葉の重み」だと説明した。ただそれだけではとても勝つことはできなかったと思う。それにはもう一つの要因があった。

それって、何ですか？

「言葉の切れ」だよ。彼の話には、随所に「切れ」があったんだ。

先生、「切れ」って、よく分かりません。

たとえば、数多くの言葉を費やして説明しなければならないことを、彼は簡潔な言葉で言い切ったんだよ。それが「言葉の切れ」だ。

ふ～、ただ言葉数が多ければいいってものではないのですね。私……反省しました……これからは機関銃のように喋るのを、少しだけ抑制します。特に彼氏候補に対しては、「言葉の切れ」で相手を痛めつけ、最後は「言葉の重み」でぎゃふんと言わせます。

ハルカちゃん……そんなことをしたら、嫌われるかもしれないよ。

大丈夫です。だって、彼氏候補もやがては彼となり、そして、最後には花婿になるかもしれないのですから、今のうちにしっかりと押さえつけておく必要もあるのです。

なんだか、ハルカちゃんが別人に見えてきた……。

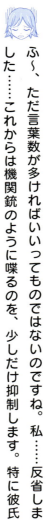

ストックを貯める

ハルカちゃん、いよいよ最終段階に入ろうか？

えっ！　最終段階って、いったい何を教えてくれるのですか？

知的な話し方、そして深い話し方だ。

先生、それです！　私が求めていたのは……。それこそ才色兼備を目指す私にふさわしい話し方です。でも、どうやって？

これだけはテクニックや論理だけでは不十分だな。それ以外の要素を身につけなければならない。

先生、それって、何ですか？　もったいぶらないで、早く教えて下さい！

話す内容のことだよ。自分の中に何の中身もなければ、知的な会話など到底不可能だよ。

先生！ 当たり前のこと、言わないで下さい。一瞬、期待してしまいました。

以前、何かの本で読んだことがあるんだけど、イタリア喜劇は即興劇が多いんだって。でも、それが可能なのは、役者一人ひとりが自分だけの小さな台本を持っていて、それを当意即妙に取り出す訓練を普段からしているからなんだ。

それって、日本ではお笑い芸人が自分独自のギャグや笑いのパターンを持っているのに何だか似ています。

それなんだ。それを持っているのがプロと言える。素人の笑いは時には新鮮で、プロの計算尽くの笑いよりも面白いことがある。でも、面白いことが言えるかどうか、その場になってみないと分からない。そんな素人だけだと、とてもお金を取って観客を集めることはできない。

たしかにそうですね。大勢の観客の前で面白いことが何も思いつかなかったら、きっと私なら「金返せ」って、暴動を起こしてしまいます。

暴動までは行かないけど、とても場が持たない。それに対して、プロは自分だけのギャグや笑いのパターンを持っているから、確実に計算ができるんだ。だから、お金を取って、観客を集めることができる。

もちろん、テレビ番組で、素人を集めたお笑い番組もあるが、それがうまくいくのは、タモリとかサンマとかプロがＭＣで素人の笑いをうまく引き出しているからなんだ。

そう言えば、お笑い芸人の話の持っていき方って、確かにワンパターンのような気がします。でも、だから、安心してみていられるのですね。

あっ、先生！　私、何もお笑い芸人を目指しているのではありません。才色兼備の……。

まあまあ慌てない。つまり、知的な会話をしたいなら、予めそういったネタをため込んでいないと駄目なんだ。広い意味の教養かな。

先生、そんなことを言われても、すぐには無理だと思います。なんか、ぱっぱと手っ取り早く教養が身につく方法はないのですか？

何もハルカちゃんの若さでそんなにすごい教養を身につけろ、って言ってるわけではないよ。まず自分の好きな分野、得意な分野、あるいは、専門分野を持つべきだ。僕ならば、教育に関して、いくつもストックを持っているから、突然、講演を頼まれても、堂々と話すことができる。このネタを、このように話したら、必ず聞いている人が感動してくれる、といったストックを普段から蓄えておく。

そんなストックがあれば、人前でも自信を持って話をすることができますね。

何も背伸びをする必要はない。ハルカちゃんらしい話のネタを、普段から分かりやすく話せるように練習しておくといい。

でも、同じ話をいつもしていたら、嫌われます。

だから、最初は一つ、得意な話のネタを蓄え、それを少しずつ増やしていけばいい。最初は文学や映画の話でもいい。もちろん、ダイエットや健康ネタでもいいよ。そうやって、教養の幅を増やしていくんだ。

先生、ありがとうございます。ハルカはまた一段成長することができました。才色兼備のＯＬとして、新しい時代を生きていく勇気が湧いてきました。

少し大げさな気もするけど……。

でも、先生、周りを見回しても、大抵の人は自分の話し方を見直して、それを磨いたり、向上させたりって、意外としていないものなのですね。ひとりよがりの話し方で人に伝わっていると思い込んでいて、それが人に迷惑をかけているなんて夢にも思っていないみたい。本当に不思議です。

技術は誰でも訓練すれば習得できるものなんだよ。要は、自分の話し方を磨こうという意識を持つことが大切だ。

はい！　これからは自分の話し方を見直して、言葉と論理を磨いていこうと思います。何だか、早く上司や仲間、そして、彼氏候補とも話をしてみたくなりました。

第5章のポイント

- 初対面では始めと終わりが肝心。
- 会話では結論が先、「書く」以上に論理的に話せ。
- 打ち合わせや会議の席では立場を明確にせよ。
- 議論の場では、質問は簡潔に。相手の言葉尻を捉えない。
- 主観と客観を明確に区別せよ。
- 声の威力を知り、それを武器とすること。
- 言葉の「重み」、「切れ」が大切。

おわりに

私たちは毎日毎日絶えず誰かと話をしています。その話し方が一段とうまくなれば、あなたの日常はどんなに変わったものになるでしょうか。

「あの人の話は分かりやすい」という周囲の評価がやがて、「あの人はできる人だ」「あの人は信頼できる」に変わり、コミュニケーションもスムーズになり、あなたの人間関係も円滑になっていくに違いありません。

ところが、大方の人たちは自分の話し方を見直さずに、気が付かないうちに周りの人に迷惑をかけて、自分自身も随分損をしているのです。

本書では「迷惑な話し方」を取り上げましたが、実際にそんなに極端な人はそう多くはありません。逆に、誰しもが（私を含めて）多かれ少なかれ「迷惑な話し方」をしているのではないでしょうか。周囲の人たちの話し方を観察し、そのことで自分の話し方を見直すことが、「論理的に話す技術」を習得する第一歩なのです。

自分の人生を大きく変えようと思ったら、あるいは、自分自身を大きく成長させようとしたいなら、今のままの延長線上に新しい自分をイメージすることはできないはずです。

どこかで小さな一歩を踏み出すことです。その一歩は今までとはほんの少し方向を変えたものでなければなりません。しかし、たった一歩方向を変えるだけでも、その先の到着点はまったく異なるものとなるのです。

ハルカちゃんとともに、ぜひその一歩を踏み出して下さい。

また次の機会にお会いできることを楽しみに待っています。

出口 汪

■ 著者紹介

出口 汪（でぐち・ひろし）

関西学院大学大学院文学研究科博士課程単位取得退学。広島女学院大学客員教授、論理文章能力検定評議員、現代文講師として、入試問題を「論理」で読解するスタイルに先鞭をつけ、受験生から絶大なる支持を得る。そして、論理力を養成する画期的なプログラム「論理エンジン」を開発、多くの学校に採用されている。現在は受験界のみならず、大学・一般向けの講演や中学・高校教員の指導など、活動は多肢にわたり、教育界に次々と新機軸を打ち立てている。著書に『出口汪の「最強！」の記憶術』『出口汪の「最強！」の書く技術』『出口先生の頭がよくなる漢字』『芥川・太宰に学ぶ心をつかむ文章講座』（以上、水王舎）、『出口汪の「日本の名作」が面白いほどわかる』（講談社）、『ビジネスマンのための国語力トレーニング』（日経文庫）、『源氏物語が面白いほどわかる本』（KADOKAWA）など。

■ 公式ブログ
「一日生きることは、一日進歩することでありたい」
http://ameblo.jp/deguchihiroshi/

■ オフィシャルサイト
http://www.deguchi-hiroshi.com/

■ ツイッター　@deguchihiroshi

出口汪の「最強！」の話す技術

2016年6月10日　第一刷発行
2016年7月20日　第三刷発行

著　者　出口 汪
発行人　出口 汪
発行所　株式会社 水王舎
〒160-0023
東京都新宿区西新宿6-15-1
ラ・トゥール新宿511
電話 03-5909-8920

印刷所　歩プロセス
製　本　ナショナル製本
イラスト　ソウ
ブックデザイン　村橋雅之
校　正　佐藤和彦
編集担当　原田奈月

落丁、乱丁本はお取り替えいたします。

ISBN978-4-86470-054-2　C0095